AF317065

COLLECTION DE BIBLIOGRAPHIE CLASSIQUE
publiée par la Société de Bibliographie classique sous le patronage de
l'ASSOCIATION GUILLAUME BUDÉ

BIBLIOGRAPHIE

DES TRAVAUX DE DROIT ROMAIN EN LANGUE FRANÇAISE

PUBLIÉE SOUS LA DIRECTION DE

PAUL COLLINET

PROFESSEUR A LA FACULTÉ DE DROIT DE PARIS

PARIS
SOCIÉTÉ D'ÉDITION « *LES BELLES LETTRES* »
95, boulevard Raspail (VIe)
—
LIBRAIRIE DU RECUEIL SIREY (Société anonyme)
22, rue Souflot (V^e)
—
1930

PAUL COLLINET

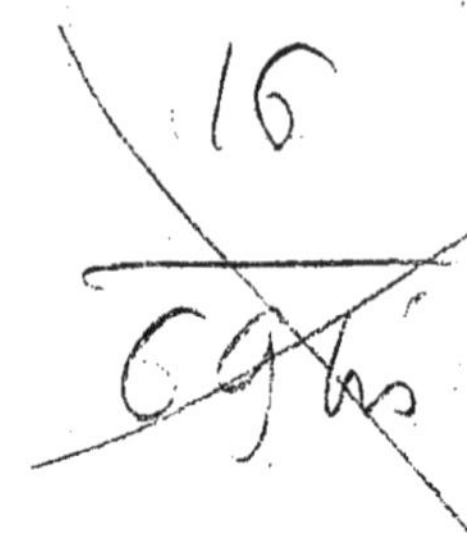

BIBLIOGRAPHIE

DES TRAVAUX DE DROIT ROMAIN

EN LANGUE FRANÇAISE

BIBLIOGRAPHIE

DES TRAVAUX DE DROIT ROMAIN EN LANGUE FRANÇAISE

PUBLIÉE SOUS LA DIRECTION DE

PAUL COLLINET

PROFESSEUR A LA FACULTÉ DE DROIT DE PARIS

PARIS
SOCIÉTÉ D'ÉDITION « *LES BELLES LETTRES* »
95, boulevard Raspail (VIᵉ)
—
LIBRAIRIE DU RECUEIL SIREY (Société anonyme)
22, rue Souflot (Vᵉ)
—
1930

PRÉFACE

M. P. de Francisci a, on le sait, publié en 1923 une Bibliographie du Droit romain (*Il Diritto romano*, série des *Guide bibliografiche*, Roma, Fondazione Leonardo per la cultura italiana, in-12). Mais ce recueil si précieux ne contient que des titres d'ouvrages ou d'articles dus à des auteurs italiens et écrits (en très grande majorité) en langue italienne. Poursuivant la tâche selon la même méthode, il nous a paru nécessaire de faire un travail parallèle pour les ouvrages et articles édités en langue française, soit en France même, soit en Belgique ou en Suisse romande. Il serait à souhaiter que paraissent bientôt d'autres répertoires analogues, pour les travaux de Droit romain en langue germanique, et enfin pour ceux composés en latin ou dans les langues du monde autres que l'italienne, la française et l'allemande. En attendant l'achèvement de l'œuvre totale, les romanistes auront dès maintenant au moins un certain nombre de références qui, étant donné la vitalité de notre science, sont parfois difficiles à trouver rapidement.

Pour connaître la contribution française au Droit romain, les intéressés, il est vrai, possèdent depuis peu un important catalogue : la *Bibliographie générale des sciences juridiques*, etc., de 1800 à 1925-1926 (avec deux Suppléments : *années 1926 et 1927 ; année 1928*), par M. A. Grandin, où le Droit romain occupe les pages 15 à 65 du tome Ier (Paris, libr. du Recueil Sirey, 1926). Toutefois, cet utile Répertoire ne renferme que les ouvrages et les thèses. A l'exemple de M. de Francisci, nous avons inséré dans le nôtre, également les articles de Revues et les articles du *Dictionnaire des Antiquités grecques et romaines*, se rapportant au Droit romain, d'inégale valeur d'ailleurs.

La présente Bibliographie, qui s'arrête à l'année 1928 (inclus), a été composée, sous notre direction, par cinq de nos élèves d'agrégation : MM. G. Lepointe, chargé de Cours à la Faculté de Droit de Lille ; J. Yver, professeur agrégé à la Faculté de Droit de Caen ; J. Paris, professeur agrégé à la Faculté de Droit de Rennes ; P.-Em. Viard, professeur agrégé à la Faculté de Droit d'Alger ; A. Philippin, docteur en droit. Nous tenons à leur exprimer à tous, et particulièrement à M. G. Lepointe, nos meilleurs remerciements pour le zèle déployé dans un travail ingrat. Nous désirons aussi assurer de notre reconnaissance nos aimables collègues, MM. F. de Visscher et Ph. Meylan, qui nous ont procuré un certain nombre de fiches belges ou suisses, et M. J. Marouzeau, qui a bien voulu accueillir l'ouvrage dans sa Collection de Bibliographies patronnée par l'Association Guillaume Budé et aidée par la Confédération des Sociétés scientifiques françaises.

Le Plan de l'ouvrage diffère un peu de celui adopté par M. de Francisci. Nous n'avons fait aucune division. Tous les ouvrages (y compris les traductions), tous les articles retenus sont rangés dans l'ordre alphabétique des auteurs sous des numéros correspondant à chaque titre. Une seule précision est nécessaire en ce qui concerne les Thèses de Doctorat en Droit. Pendant longtemps, en France, le candidat au Doctorat fut tenu de présenter deux thèses, l'une sur le Droit romain, l'autre sur le Droit français. Le nombre des thèses de Droit romain est donc considérable. La plupart, il faut l'avouer, n'ont pas grande valeur. Nous n'avons donc retenu ici que les thèses possédant le mérite de l'originalité, comme celles soutenues après que la thèse de Droit romain ne fut plus obligatoire, ou que les thèses d'auteurs connus pour leur science, ou enfin que les thèses écrites sur des points particuliers.

Les limites à assigner à l'expression « Droit romain » sont toujours flottantes. Nous avons mentionné ici tout ce qui concerne les Sources et le Droit privé (sauf omissions involontaires), et puis les travaux fondamentaux sur le Droit pénal et le Droit public. Nous n'avons relevé que très exceptionnellement les études historiques, économiques ou financières. Dans le temps nous avons rarement dépassé le règne de Justinien, sauf en ce qui touche l'influence du Droit romain en Occident au Moyen Age, sur laquelle les principaux travaux sont seuls indiqués.

La Table analytique des sujets traités, qui termine l'ouvrage, permettra de rassembler aisément les titres se rapportant au même problème, permettra de se faire rapidement la bibliographie du sujet qu'on étudie. Cette Table est établie, elle aussi, par ordre alphabétique des matières.

TABLEAU DES ABRÉVIATIONS

A. P. F. = Archiv für Papyrusforschung.
A. U. P. = Annales de l'Université de Paris.
C. R. Acad. Inscr. = Comptes rendus de l'Académie des Inscriptions et Belles-Lettres.
D. A. G. R. = Dictionnaire des Antiquités grecques et romaines.
J. S. = Journal des Savants.
Mél. = Mélanges.
N. R. H. = Nouvelle Revue historique de Droit français et étranger.
P. = Paris.
R. E. A. = Revue des études anciennes.
R. E. L. = Revue des études latines.
R. G. D. = Revue générale de Droit.
R. H. D. = Revue historique de Droit français et étranger (1re série, 1855-1869 ; 4e série, 1922 et suiv.)
R. I. E. = Revue internationale de l'enseignement.
R. L. A. = Revue de Législation ancienne et moderne.
Th. = Thèse de Doctorat en Droit.
Th. lettres = Thèse de Doctorat ès-lettres.
T. R. G. = Tijdskrift voor Rechtsgeschiedenis.
Z. S. S. = Zeitschrift der Savigny-Stiftung für Rechtsgeschichte, Romanistische Abteilung.
'38-'99 = 1838-1899.
'00-'28 = 1900-1928.

Le format n'a été indiqué que quand il n'était pas l'in-8.

Bibliographie des Travaux de Droit romain en langue française

1. **E. D'ABGAROWICZ.** — Essai sur la preuve dans la *rei vindicatio*, Th. Paris, '14.

2 **C. ACCARIAS.** — Etude sur la transaction en Droit romain, Th. Paris, '63.

3 —— Théorie des contrats innomés et explication du titre *de praescriptis verbis* au Digeste. 2ᵉ tirage, P. '72.

4 —— Précis de Droit romain contenant, avec l'exposé des principes généraux, le texte, la traduction et l'explication des Instituts de Justinien ; 4ᵉ éd., P., '86-'91.

5 **M. AGUILÉRA.** — De la nature de la *bona fides* spécialement en matière d'usucapion, Th. Aix, '92.

6 **A.-C. ALCIN.** — Etude sur la règle *Error communis facit jus*, Th. Paris, '12.

7 **E. ALIX.** — De l'acquisition du droit de cité à titre individuel, Th. Paris, '92.

8 **R. ALLAIN.** — L'erreur dans les contrats en Droit romain et en Droit français, Th. Paris, '07.

9 **P. ALLARD.** — Les esclaves chrétiens, P. '00.

10 **R. ALTAMIRA.** — Les lacunes de l'histoire du Droit romain en Espagne, Mél. Fitting, '07, I, 59-85.

11 **L. AMIABLE.** — De la paternité du mari en Droit romain et dans l'ancienne jurisprudence française, R.H.D., VIII, '62, 5-33 (pour l'époque romaine).

11 bis **Ed. ANDT.** — La procédure par rescrit, Th. Paris, '20.

12 **G. APPERT.** — De la règle *Dies incertus conditionem in testamento facit*, N.R. H., I, '77, 361-368.

13 **Ch. APPLETON.** — Etude sur les *Sponsores, Fidepromissores* et *Fideiussores*. (Episode des luttes entre la Plèbe et le Patriciat au vɪɪᵉ s. de Rome), R.L.A., VI, '76, 541-581.

14 —— De la condition résolutoire dans les stipulations et de la stipulation prépostère, N.R.H., III, '79, 227-255.

15 —— Résumé du Cours de Droit romain, 2 vol., P. '83-84.

16 —— De la Publicienne et de l'*Utilis vindicatio* (Dig. *De Publiciana in rem actione*, 6, 2.), N.R.H., IX, '85, 481-526, X, '86, 276-343.

17 —— Essai de reconstitution de l'Edit publicien et du Commentaire d'Ulpien sur cet édit, R.G.D., X, '86, 101-110, 211-232.

18 —— Effets de la condition résolutoire sur la propriété en Droit romain, R.G.D., XII, '88, 485-503.

19 —— Recrudescence des études de Droit romain à l'étranger, R.G.D., XIII, '89, 546-548.

20 —— Histoire de la propriété prétorienne et de l'action publicienne. 2 vol., P. '89.

21 —— Les Sources des Institutes de Justinien, R.G.D., XV, '91, 12-41, 97-125.

22 —— Le fou et le prodigue en Droit romain (à propos de l'ouvrage de A. Audibert), R.G.D., XVII, '93, 136-146, 222-266.

23 —— Histoire de la compensation, P. '95.

24 —— Histoire de la compensation en Droit romain, N.R.H., XIX, '95, 478-521.

25 —— Le rescrit de Marc-Aurèle, R.G.D., XIX, '95, 322-353.

26 —— Les Basiliques, R.G.D., XXII, '98, 466-470.

27 —— Le Fragment d'Este, R.G.D., XXIV, '00, 193-248.

28 —— Le Droit comparé appliqué à la reconstitution du Droit romain ancien. — Le Testament, R.G.D., XXVI, '02, 50-69, 506-569 ; XXVII, '03, 37-81.

29 —— Le testament romain, la méthode du Droit comparé et l'authenticité des Douze Tables (extr. de la R.G.D., augmenté de nouvelles observations), P. '03.

30 —— Nature et antiquité des *Leges XII Tabularum*, Atti del Congr. intern. di scienze stor., vol. IX, Roma, '04, 23-37.

31 —— Les lois romaines sur le cautionnement, Z. S. S., XXVI, '05, 1-48.

32 —— Le testament de Gaius Longinus Castor, R. G. D., XXXIX, '05, 481-502.

33 —— La clause « aporhatum pro uncis duabus » et l'histoire de l'as sextantaire, Mél. Scialoja, '05, II, 503.

34 —— L'obligation de transférer la propriété dans la vente romaine. — F. 16, D., De cond. causa data, XII, 4, N. R. H., XXX, '06, 739-780 ; XXXI, '07, 100-103.

35 —— Nouvelles observations sur la loi Furia de *sponsu*, Mél. Gérardin, '07, 1-21.

36 —— La méthode des applications pratiques. Une rectification, N. R. H, XXXI, '07, 694-702.

37 —— La loi « Ex parte » et la quatrième leçon de Dumoulin à Dôle, Mél. Fitting, '07, I, 1-27.

38 —— La reproduction phototypique des Pandectes florentines, N. R. H., XXXII, '08, 612-615.

39 —— La date des *Digesta* de Julien, N. R. H., XXXIV, '10, 731-793.

40 —— Les pouvoirs du fils de famille sur son pécule castrans et la date des *Digesta* de Julien, N. R. H., XXXV, '11, 593-623.

41 —— Le Fragment 16, D., XII, 4. L'obligation de transférer la propriété dans la

vente romaine, et la cause déterminante dans les contrats, R. G. D., XXXVI, '12, 481-542.

42 —— *Quaestio Domitiana, responsum Celsinum*, Mél. Girard, '12, I, 1-27.

43 —— Les négations intruses ou omises dans le manuscrit des Pandectes florentines (A propos d'un livre récent), N. R. H., XXXIX, '16, 1-61.

44 —— De quelques problèmes relatifs à l'histoire du mariage romain (Discours de réception à l'Académie). Lyon, '17.

45 —— Contribution à l'histoire du prêt à intérêt à Rome : le taux du *Fenus unciarium*, N. R. H., XLIII, '19, 467-543.

46 —— M. Adrien Audibert, R. G. D., XLIII, '19, 177-180.

47 —— L'Hypercritique [dans l'histoire de la monnaie romaine], R. G. D., XLIV, '20, 225-241, 345-356.

48 —— Quelques réflexions nouvelles sur la propriété prétorienne et l'action publicienne, R. G. D., XLVII, '23, 161-168.

49 —— Les exercices pratiques dans l'enseignement du Droit romain et plan d'un cours sur l'Abus des Droits, R. I. E., XLIV, '24, 142-158.

50 —— Trois épisodes de l'histoire ancienne de Rome : les Sabines, Lucrèce, Virginie, R. H. D., '24, 193-171, 592-670.

51 —— Huvelin romaniste, R. H. D., '24, 696-704.

52 —— Notre enseignement du Droit romain. Ses ennemis et ses défauts, Mél. Cornil. '26, I, 41-80.

53 —— Aperçus nouveaux sur le terme certain ou incertain en Droit romain et moderne, R. G. D., L, '26, 154-188.

54 —— Les risques dans la vente et les fausses interpolations, R. H. D., '26, 375-417 ; '27, 105-253.

55 —— A l'époque classique le transfert de propriété de la chose vendue et livrée était-il subordonné en règle au paiement du prix ? R. H. D., '28, 11-45, 173-201.

56 **H. APPLETON.** — Des interpolations dans les Pandectes et des méthodes propres à les découvrir, Th. Lyon, '94.

57 —— Psychologie des compilateurs du Digeste, R. G. D., XIX, '95, 37-41.

58 **J. APPLETON.** — Essai sur le fondement de la protection possessoire, Th. Lyon, '92.

59 **H. D'ARBOIS DE JUBAINVILLE.** — Origine de la propriété foncière en France, N. R. H., XI, '87, 241-248.

60 —— Le *fundus* et la *villa*, N. R. H., XXIV, '00, 212-216.

61 —— *Pari-cidas*, N. R. H., XXV, '01, 405-409.

62 **Ed. ARDAILLON.** — **D. A. G. R.** *Metalla.*

63 **P. ARMINJON.** — La présidence des *quaestiones perpetuae*, Th. Paris, '95

64 **G. ARON.** — Etudes sur la condition juridique des prêtres à Rome. Les Vestales et le Flamine de Jupiter, N. R. H., XXVIII, '04, 5-52.

65 **A. ASSELINEAU.** — Etude sur la condition des gens de lettres et des artistes à Rome, Th. Paris, '96.

66 **G.-M. ASHER.** — Lettre à M. Ed. Laboulaye au sujet des tables de Malaga. Notice sur l'époque et la méthode de fabrication des tables de Malaga, R. H. D., XII, '66, 113-114, 115-135.

67 **Ch. ASTOUL.** — Des charges imposées par le maître à la liberté concédée à l'esclave, Th. Paris, '90.

68 —— Observations sur le fragment de Celse, Dig. 5. 3, *de her. pet.*, 1. 45, Mél. Cornil, '26, I, 109-119.

69 **M. AUBERT.** — Du contrat *per nuncium*, Th. Paris, '93.

70 **G. AUBRY.** — Du *contrarius consensus* considéré comme mode d'extinction des obligations, Th. Dijon, '91.

71 **E. AUDE.** — La fondation perpétuelle dans l'antiquité, Th. Aix, '95.

72 **A. AUDIBERT.** — Histoire de la propriété prétorienne et de l'action publicienne, N. R. H., XIV, '90, 269-297.

73 —— Essai sur l'histoire de l'interdiction et de la curatelle des prodigues en Droit romain, N. R. H., XIV, '90, 521-587.

74 —— Des deux formes d'aliénation mentale reconnues par le Droit romain (*Furor et Dementia*), N. R. H., XIV, '90, 846-890.

75 —— Comment la curatelle légitime se transforma en curatelle dative dans le dernier état du Droit romain, N. R. H., XV, '91, 310-328.

76 —— Du curateur donné par testament au prodigue en Droit romain. — Essai d'explication d'un texte de Tryphoninus (D. XXVII, 10, 16), N. R. H., XVI, '92, 5-17.

77 —— Etudes sur l'histoire du Droit romain. I. La Folie et la Prodigalité, P., '92.

78 —— L'adrogation et la *capitis deminutio*, à propos d'une récente « Etude sur les effets de l'Adrogation ». N. R. H., XVII, '93, 363-375.

79 —— Les deux curatelles des mineurs en Droit romain, N. R. H., XX, '96, 177-201, 345-364, 455-476.

80 —— L'évolution de la formule des actions *familiae erciscundae et communi dividundo*, Mél. Appleton, '03, 1-38.

81 —— Nouvelle étude sur la formule des actions *familiae erciscundae et communi dividundo*, N. R. H., XXVIII, '04, 273-305, 401-439, 649-697.

82 —— L'expression « *civilis in factum* », son caractère byzantin, Mél. Fitting, '07, I, 35-59.

83 —— Sur les différents noms de l'action *praescriptis verbis*, Mél. Gérardin, '07, 21-43.

84 —— Formules sans *intentio* (action d'injures), Mél. Girard, '12, I, 37-67.

85 **E. AUDOUIN.** — Des dispositions en faveur des personnes incertaines, Th. Paris, '90.

86 **E. AUGER.** — De l'action *de peculio* et de l'action *tributoria* au point de vue des droits des créanciers, Th. Paris, '93.

87 **E.-S. AUTEROCHE.** — Le Sénatusconsulte macédonien, Th. Paris, '89.

88 **J. B.** — Une traduction en français du Digeste, N. R. H., XXIII, '99, 371-372.

89 **L. BABANY.** — Institutions juridiques des Romains comparées aux institutions juridiques des Hébreux, Th. Paris, '26.

90 **A. BAILLY.** — Du droit de rétention à Rome et en France, Th. Paris, '92.

91 **R. BALOUGDGITCH.** — Etude sur la complicité en Droit pénal romain, Th. Montpellier, '20.

92 **L. BARON.** — Sur un fragment d'Ulpien rapporté par Pacatus, Th. Paris, '11.

93 **C. DE BARRUEL SAINT-PONS.** — Etude sur la théorie de la prescription dans ses rapports avec l'*actio finium regundorum*, N. R. H., II, '78, 145-165.

94 **E. BARTIN.** — Etude sur la règle *Res inter alios acta aliis nec nocere nec prodesse potest*, Th. Paris, '85.

95 **L. BASTIDE.** — Le legs partiaire, Th. Dijon, '89.

96 **E. BAUBY.** — Etude sur la mancipation. Evolution historique et juridique de cette institution en Droit romain. Th. Montpellier, '94.

97 **P.-J. BAUDET.** — Essai d'une théorie générale des obligations naturelles, Th. Lille, '09.

98 **BAUDI DI VESME** (trad. Ed. Laboulaye). — Des impositions de la Gaule dans les derniers temps de l'empire romain, R. H. D., VII, '61, 365-406.

99 **F. BAUDRY.** — D. A. G. R. *Accessio, Adjudicatio, Adoptio,* —— *testamentaria, Adrogatio, Affinitas, Agnatio, Alluvio, Beneficium, Bonorum collatio, Bonorum emptio, Breviarium Alarici, Cessio in jure, Codex justinianeus,* — *Theodosianus, Codices gregorianus et hermogenianus, Cognati, Cognatio, Collegium, Concubinatus, Confusio, Constitutiones principum, Contubernales, Contubernium, Culpa, Damnum,* — *infectum,* — *injuria datum, Delictum, Divortium, Domicilium, Dominium, Donatio, Dos, Emancipatio, Emphyteusis, Expilatio hereditatis, Familia, Fiducia, Fœnus, Furiosus, Heres, Hereditas, Metus, Postliminium.*

100 **L. BEAUCHET.** — D. A. G. R. *Occupatio, Pactum, Patria potestas, Possessio, Praescriptio, Precarium, Privilegium, Prodigus, Reivindicatio, Res, Sequester, Servi, Servitus, Stellionatus, Substitutio, Successio, Syngraphae, Traditio, Tutela, Ususfructus, Venditio bonorum.*

101 **A. BEAUD.** — Des *multae sepulcrales*, Th. Bordeaux, '95.

102 **E. BEAUDONNAT.** — L'évolution générale des *condictiones* en droit romain. P., '26.

103 **Ed. BEAUDOUIN.** — Le *majus* et le *minus Latium*. Explication des §§ 95 et 96 du Commentaire Iᵉʳ de Gaius et des questions qui s'y rattachent, N. R. H., III, '79, 1-30, 111-169.

104 —— Etude sur le *ius italicum*, N. R H., V, '81, 145-194, 592-642 ; VI, '82, 684-721.

105 —— La limitation des fonds de terre dans ses rapports avec le droit de propriété (Etude sur l'histoire du Droit romain de propriété), N. R. H., XVII, '93, 397-469, 567-684 ; XVIII, '94, 157-222, 309-365.

106 —— La colonisation romaine dans l'Afrique du Nord, R. G. D., XX, '96, 193-229.

107 —— La table de Tarente, N. R. H., XX, '96, 407-410.

108 —— Les grands domaines dans l'empire romain, d'après des travaux récents, N. R. H., XXI, '97, 543-599, 673-719 ; XXII, '98, 27-115, 194-219, 310-350, 545-584, 694-733.

109 **V. BEAUREGARD.** — Du développement parallè'e de la représentation dans les instances judiciaires et dans les actes juridiques, Th. Paris, '92.

110 **E. BÉCHET.** — Des actions *furti* et *vi bonorum raptorum*, Th. Paris, '91.

110 *bis* **H. BEGUE DE SAINT-GENIER.** — Essai sur les changements opérés dans la jurisprudence romaine par Constantin le Grand, Diss. acad., Lausanne, 1823.

111 **V. BELIN.** — De l'influence des Sabiniens et des Proculeiens sur le développement du Droit romain, Th. Paris, '90.

112 **BENECH.** — Etudes sur les classiques latins appliquées au Droit civil romain, 1ʳᵉ série, les satyriques, Horace, Perse, Martial, Juvénal, P., '53.

113 **J. BENZACAR.** — De la bonne foi, ses effets sur les contrats du premier au sixième siècle de l'Empire, Th. Bordeaux, '90.

114 **P. BENOIST.** — Des *bonorum possessiones secundum* et *contra tabulas testamenti*, Th. Paris, '93.

115 **M. BERCEANO.** — La vente consensuelle dans les comédies de Plaute, Th. Paris, '07.

116 **BÉRENGER.** — Les Novelles de l'Empereur Justinien traduites par — ; 2 vol. in-4, Metz, 1810-1811.

117 **H. BERNARD.** — Le Sénatusconsu'te des Bacchanales, Th. Paris, '08.

118 **BERRIAT-SAINT-PRIX**. — Histoire du Droit romain suivie de l'Histoire de Cujas. P., 1821.

119 **M. BESNIER**. — La question de la Table latine d'Héraclée, R. E. A., XIX, '12, 40-52.

120 —— Le commerce romain dans la Méditerranée Orientale, J. S., '20, 263-274.

121 —— A propos de la Table hypothécaire de Veleia, R. E. A., XXIV, '22, 118-122.

122 **J.-Ch. BÉTOLAUD**. — De l'inéliénabilité de la dot, Th. Paris, '91.

123 **R. BEUDANT**. — Le *jus italicum*, Th. Paris, '89.

124 —— Sur quelques difficultés relatives à la *litis contestatio*, Ann. Univ. Grenoble, III, '91, 343-376.

125 **J. BEZARD-FALGAS**. — De la *cessio in jure* et de la vente de l'hérédité, Th. Toulouse, '89.

126 **A. BIRÉ**. — Des *res sacrae*, Th. Paris, '90.

127 **A. BIRET**. — Application au Code civil des Institutes et des 50 livres du Digeste, 2 vol., P., 1824.

128 **R. BLACHEZ**. — De la priorité en matière hypothécaire et de ses effets, Th. Paris, '91.

129 **L. BLANCKAERT**. — De l'*adstipulatio*, Th. Paris, '95.

130 **G. BLOCH**. — Les origines du Sénat romain, P., '83.

131 —— Observations sur le procès des Scipions, R. E. A., VIII, '06, 93-110.

132 —— Les origines de Rome, J. S., '17, 213-225.

133 —— La plèbe romaine. Essai sur quelques théories récentes, Rev. hist., CVI, '11, 241 ; CVII, '11, 1.

134 —— **D. A. G. R.** *Consul, Dispensator, Epistulis (ab)*.

135 **BLONDEAU**. — Chrestomathie ou Choix de textes pour un cours élémentaire du Droit privé des Romains. P., '33.

135 *bis* **G. BLONDEL**. — Notes sur les origines de la propriété, Mél. Appleton, '03, 39-50.

136 **E. BLUM**. — L'origine des *leges repetundarum*, R. G. D., XLVI, '22, 119-135, 197-206.

137 —— De la procédure *quo ea pecunia pervenerit* (Procédure en restitution engagée contre les tiers bénéficiaires des exactions d'un magistrat, en Droit romain), R. H. D., '26, 280-301.

138 **L. BOCQUET**. — Esquisse historique du célibat dans l'antiquité, Th. Paris, '94.

139 **Ed. BODIN**. — Des réponses des prudents considérées comme source du droit écrit, R. H. D., IV, '58, 197-208.

140 —— Des effets du pacte de constitut, R. H. D., XII, '66, 209-228.

141 **C. DE BOECK**. — Le préteur pérégrin, Th. Paris, '82.

142 **V. BOISSEAU**. — De l'édit provincial, Th. Poitiers, '90.

143 **U.-Th. BOISSEVAIN**. — La tablette d'achat de Tolsum (Frise); R. E. A., XXI, '19, 91-96.

144 **G. BOISSONADE**. — Textes choisis du Digeste, Grenoble, '65.

145 —— De l'effet des arrhes dans la vente sous Justinien, R. H. D., XII, '66, 136-148.

146 —— M. C. A. Pellat. — M. R. de Fresquet. — M. D. Pilette (Nécrologies), R. L. A., II, '72, 102-108.

147 **A. BOISTEL**. — Du *dies incertus* et de ses effets dans les dispositions testamentaires, R. G. D., IX, '85, 331-343, 401-421.

148 **A. BONET**. — De l'origine historique des interdits relatifs aux *res publicae*, Th. Lyon, '97.

149 **P. BONFANTE**. — Comment le droit public et le droit privé se sont différenciés à Rome, R. G. D., XXVI, '02, 289-300.

150 —— Histoire du Droit romain, traduite par Jean Carrère et François Fournier, 2 vol. P., '28.

151 **L. BONJEAN**. — Traité des actions... 2ᵉ éd. 2 vol. P. '41-45.

152 **P. BONNECARRÈRE**. — De l'action *pecuniae constitutae*, Th. Lyon, '96.

153 **Em. BONNET**. — Le vendeur obligé de donner, Mél. Gérardin, '07, 43-61.

154 **J. BONNET**. — Des mots *familia* et *pecunia* dans la loi des Douze Tables, Th. Lyon, '00.

154*bis* **A. BORAUD**. — Essai sur l'histoire des baux à long terme à Rome, Th. Paris, '07.

155 **B. BORGHESI**. — Œuvres complètes de —, t. X, Les Préfets du prétoire [avec la collaboration de M. Edouard Cuq], P., '97. in-4. [Partie en italien, partie en français.]

156 **A. BOUCHÉ-LECLERCQ**. — Les pontifes de l'ancienne Rome, P. '71.

157 —— Manuel des institutions romaines, P. '86.

158 —— Les lois démographiques d'Auguste, Rev. hist., LVII, '95, 241-292.

159 —— **D. A. G. R.** *Carmen, Devotio, Fasti, Pontifices*.

160 **L. BOUCHERON**. — Des droits du patron sur les biens de son affranchi citoyen romain, Th. Paris, '89.

161 **L. BOULARD**. — L. Salvius Julianus, son œuvre, ses doctrines sur la personnalité juridique, Th. Paris, '02.

162 —— Les instructions écrites du magistrat au juge commissaire dans l'Egypte romaine, Th. Paris, '06.

163 **G. BOURCART.** — M. Muirhead (Nécrologie), N. R. H., XIII, '89, 787-788.

164 **H. de BOUSQUET de FLORIAN.** — Des élections municipales dans l'empire romain, Th. Paris, '91.

165 **E. BOUVIER.** — De la solidarité active. Th. Lyon, '87.

166 **A.-J. BOYÉ.** — La *denuntiatio* introductive d'instance sous le Principat, Th. Bordeaux, '22.

167 —— Recherches historiques sur la portée de l'inaliénabilité dotale. — Les destinées de la novelle 61 chez les Canonistes et les romanistes du Moyen Age, R. H. D., '24, 473-514.

168 —— Essai critique sur une *crux iuris* : la loi *Mater* (D. V, 2, 19) et le papyrus de Heidelberg 1272, T. R. G., V, '24, 464-488.

169 **G. BOYER.** — Recherches historiques sur la résolution des contrats (origines de l'art. 1184 du code civil), Th. Toulouse, '24.

170 **J. BOYER.** — De l'hypothèque sur les choses incorporelles, Th. Toulouse, '94.

171 **L. BOYER.** — Des impenses sur la dot, Th. Toulouse, '90.

172 **R. BOYER.** — De l'hospitalité, Th. Toulouse, '95.

173 **J. BRAY.** — Essai sur le droit pénal militaire des Romains, Th. Paris, '94.

174 **M. BRÉAL.** — Sur l'origine des mots désignant le droit et la loi en latin, N. R. H., VII, '83, 603-612.

175 —— Sur la langue de la loi des XII Tables, J. S., '02, 599-608.

176 —— Une disposition de la loi des XII Tables relative au client, N. R. H., XXVI, '02, 147-148.

177 **E. BRÉDIF.** — Attributions financières du sénat romain sous la République, Th. Paris, '94.

178 **J. BRISSAUD.** — Le régime de la terre dans la société étatiste du Bas-Empire, Th. Paris, '27.

179 **M.-G. BROCARD.** — L'emphyt'ose, Th. Paris, '91.

180 **Ch. BROCHER.** — K. S. Zachariae, sa vie et ses œuvres, R. H. D., XIV, '68, 433-447 ; XV, '69, 295-347, 430-496, 557-583.

181 **H. BROCHER.** — Rome et l'empirisme juridique, R. G. D., VII, '83, 440-452 ; VIII, '84, 297-308.

181 bis **H. BROCHER DE LA FLECHERE.** — De l'enseignement du Droit romain, Diss. acad., Lausanne, '67.

182 **C. BROUILHET.** — De l'interdit fraudatoire, Th. Lyon, '95.

183 **L. BRUNEAU.** — *Actiones* et *judicia*. La réforme aebutienne, Th. Caen, '02.

184 **Ed. BRUYANT.** — Des juridictions criminelles à Rome jusqu'à l'établissement des *cognitiones extraordinariae*, Th. Paris, '89.

185 **G. BRY.** — Principes de Droit romain... pour servir d'introduction à l'étude du Droit français, P., '92, in-18.

186 —— Principes de Droit romain. I, 6ᵉ éd. (par J. Bry), P. '27, in-18.

187 **M.-J. BRY.** — Essai sur la vente dans les papyrus gréco-égyptiens, Th. Paris, '09.

188 —— L'édit de Caracalla, de 212, d'après le papyrus 40 de Giessen, Etudes Girard '13, I, 1-43.

189 **W.-W. BUCKLAND.** — *Manumissio vindicta* par un fils de famille, N. R. H., XXVII, '03, 737-744.

190 —— Observations sur deux études concernant le droit de l'esclavage. (I. Transfert de propriété par un esclave. — II. Les manumissions prétoriennes), N. R. H., XXXII, '08, 226-228.

191 —— L'intérêt dans l'*Actio furti*, en droit classique. N. R. H., XL, '17, 5-47.

192 —— *Institutio postumi alieni*, N. R. H., XLIV, '20, 560-561.

193 —— *Libertus* (G. 3. 56), R. H. D., '23, 293-296.

194 —— Le constitut possessoire. *Animus et Corpus*, R. H. D., '25, 355-381.

195 —— *Actio damni iniuriae*, R. H. D., '27, 120-121.

196 —— Les limites de l'obligation du *fideiussor*, R. H. D., '28, 460-468.

197 **A. BUDIN.** — Etude sur la loi Aelia Sentia, Th. Paris, '90.

198 **C. BUFNOIR.** — Théorie de la condition dans les divers actes juridiques suivant le Droit romain, P., '66.

199 **R. BUFNOIR.** — Des *praejudicia de statu*, Th. Paris, '93.

200 **A. BUISSON.** — Etude sur le cautionnement par *sponsio* en Droit romain, Th. Lyon, '11.

201 **G. DE BURETEL DE CHASSEY.** — Des associations religieuses dans le Bas-Empire, Th. Paris, '93.

202 **R. CAGNAT.** — Etude historique sur les impôts indirects chez les Romains, P., '82.

203 —— L'armée romaine d'Afrique et l'occupation militaire de l'Afrique sous les empereurs, P., '92, in-fol.

204 —— Un règlement minier sous l'Empire romain, J. S., '06, 441-443, 671.

205 —— Un très ancien calendrier romain, J. S., '22, 37-40.

206 —— La question du logement à Rome, J. S., '23, 19-29.

207 —— Deux diplômes militaires du musée de Sofia, J. S., '25, 62-66.

208 —— Extraits de naissance égyptiens, J. S., '27, 193-202.

209 —— **D. A. G. R.** *Corrector, Equites, Imperator, Legatio, Legatus, Peculium castrense, Praefectura, Praefectus, — Aegypti, — praetorio, — urbi, Procurator, Publicani, Vectigal, Vicesima hereditatium.*

210 **E. CAILLEMER.** — Un commissaire-priseur au temps de Néron, N. R. H., I, '77, 397-410.

211 **R. CAHEN.** — Examen de quelques passages du *Pro Milone* [... Discussion de la loi Cornelia (III, 11). Discussion de la loi Pompeia (IV, 15 ; II, 11 ; V, 72 ; VI, 79, etc...)], R. E. A., XXV, '23, 119-138, 215-233.

212 **M.-G. CANTACUZÈNE.** — De l'impôt sur l'importation et l'exportation des marchandises à Rome, sous la République et sous l'Empire, Th. Paris, '94.

213 **M. CAPELLE.** — Du prêt à la grosse et du prêt aléatoire, Th. Paris, '91.

214 **H. CAPITANT.** — La loi Falcidie, Th. Paris, '89.

215 **E. CAPPO DE BARRASTIN.** — De l'usucapion *pro herede*, Th. Toulouse, '95.

216 **G. DE CAQUERAY.** — Explication des passages de droit privé dans les œuvres de Cicéron, P. '57.

217 —— Quels étaient, en Droit romain, les principes suivis quand un cohéritier recueillait la part de son cohéritier qui était vacante ? R. H. D., IV, '58, 209-225.

218 —— Recherches historiques sur la théorie du rapport, R. H. D., V, '59, 449-491 (pour l'époque romaine.)

219 —— Observations sur les lois caducaires. — A propos de l'ouvrage de M. Machelard, R. H. D., IX, '63, 45-58.

220 —— De l'esclavage chez les Romains, R. H. D., X, '64, 195-250, 303-350.

221 **J. CARCOPINO.** — La loi de Hiéron et les Romains, Th. lettres Paris, '19.

222 —— Fermier général ou Sociétés publicaines, R. E. A., XXIV, '22, 13-36.

223 —— Le Gnomon de l'Idiologue et son importance historique, R. E. A., '22, 101-117, 211-228.

224 —— Le droit romain d'exposition des enfants et le Gnomon de l'idiologue, Mém. de la Soc. nat. des Antiqu. de France, LXXVII, '28, 59-86.

225 **J. CARCOPINO et C. JULLIAN.** — La Table de Veleia et son importance historique, R. E. A., XXIII, '21, 287-304.

226 **E. CARETTE.** — Les assemblées provinciales de la Gaule romaine, Th. Paris, '95.

227 **J. CARETTE.** — De la loi Cincia, Th. Paris, '93.

228 **CARPENTIER.** — Essai sur l'origine et l'étendue de la règle : *Nemo pro parte testatus, pro parte intestatus decedere potest*, N. R. H., X, '86, 449-474.

229 **R. CARRÉ DE MALBERG.** — Histoire de l'exception en droit romain... Th. Paris, '88.

230 **C.-Ch. CASATI DE CASATIS.** — *Jus antiquum* avec une introduction sur les éléments du Droit étrusque, P., '94.

231 **P. CASSAN.** — *Jus offerendae pecuniae*, Th. Toulouse, '93.

232 **J. CAUVET.** — Le droit pontifical chez les anciens Romains, dans ses rapports avec le droit civil. (Mém. Acad. Caen), P., '69.

233 **J. CAUVIÈRE.** — Le lien conjugal et le divorce. Législation du Bas-Empire, R. G. D., XXXV, '11, 446-457 ; XXXVI, '12, 123-151, 239-250, 394-404 ; XXXVII, '13, 124-135, 304-312, 420-427.

234 **E. CAVAIGNAC.** — L'*as* et les comices par centuries, J. S., '11, 247-260.

235 —— Le principe de la répartition des centuries, J. S., '13, 160-167.

236 —— La tribu romaine au ve siècle, R. E. A., XXVIII, '26, 133-138.

237 **F. CAYRÉ.** — Le divorce au ive siècle dans la loi civile et les canons de S. Basile, Echos d'Orient, XIX, 295-321.

238 **G. CENDRIER.** — Interdit *unde vi*, Th. Paris, '91.

239 **E. CENTNER.** — Du legs de la dot et en général de la chose due, Th. Paris, '93.

240 **C. CÉZAR-BRU.** — De la division des biens en meubles et immeubles, Th. Toulouse, '90

241 **L. CÉZARD.** — Histoire juridique des persécutions contre les chrétiens, de Néron à Septime-Sévère (64 à 202), Th. Nancy, '11.

242 **C. CHABRUN.** — Essai sur la *querela inofficiosi testamenti*, Th. Paris, '06

243 —— La *deductio quae moribus fit*, N. R. H., XXXII, '08, 5-27.

244 **E. CHACHUAT.** — Des origines romaines de la subrogation légale accordée à l'acquéreur, Th. Lyon, '89.

245 **L. CHADEL.** — Du *jus distrahendi* dans

la fiducie, le gage et l'hypothèque, Th. Paris, '02.

246 G. CHAIGNE. — *L'ambitus* et les mœurs électorales des Romains, Th. Paris, '11.

247 J. CHAMPCOMMUNAL. — Essai sur la tutelle des impubères dans l'ancien droit romain, Th. Paris, '92.

248 E. CHAMPEAU. — La stipulation pour autrui et le principe qu'on ne peut obtenir de droits par autrui, Th. Paris, '93.

249 E. CHAMPEAUX. — Le prétendu principe de simplicité des anciens actes juridiques romains et le gage, Mél. Girard, '12, I, 155-185.

250 L. CHANGEREL. — De l'usufruit des forêts, Th. Paris, '93.

251 V. CHAPOT. — **D. A. G. R.** *Praeses, Provincia, Servi, Signum, Tribunal, Tribu.*

252 M. CHARLE. — De l'obligation alimentaire en Droit romain, Th. Paris, '97.

253 E. CHARRIER. — Du sénatusconsulte macédonien, Th. Paris, '93.

254 L. CHARVET. — Evolution de la restitution des majeurs en Droit privé romain, Th. Strasbourg, '20.

255 Yvonne CHASTAIGNET. — La notion de quasi délit, Th. Bordeaux, '27.

255 bis E. CHATELAIN. — Fragments de droit antéjustinien tirés d'un palimpseste d'Autun. Rev. de Philologie, XXIII, '99, 169-184.

256 A. CHAUSSE. — Les singularités de la vente romaine, N. R. H., XXIII, '99, 513-526.

257 J. CHAUSSON. — De l'obligation de réparer le dommage dont on est l'auteur d'après le Droit romain et dans le Droit fédéral des obligations, Th. Lausanne, '92.

258 A. CHAUVEAU. — Le droit des gens dans les rapports de Rome avec les peuples de l'antiquité. N. R. H., XV, '91, 393-445.

259 J. CHAUVET. — Essai sur la loi Voconia, Th. Grenoble, '91.

260 Jeanne CHAUVIN. — Les professions accessibles aux femmes en Droit romain et en Droit français, Th. Paris, '92.

261 J.-G. CHÉNEAUX. — De la *bonorum possessio secundum tabulas*, Th. Bordeaux, '95.

262 Em. CHÉNON. — Le Tribunal des Centumvirs en Droit romain, Th. Paris, '81.

263 —— Etude sur les controverses entre les Proculéiens et les Sabiniens sous les premiers empereurs de Rome. (Mémoire couronné par l'Académie de législation de Toulouse.) P. '81.

264 —— Etude historique sur le *Defensor civitatis*, N. R. H., XIII, '89, 321-362, 515-561.

265 —— La loi pérégrine à Rome (Bulletin du Comité des Travaux historiques. — Sciences économ.) P. '91.

266 M. CHEVRIER. — Du serment promissoire en Droit romain, Th. Dijon, '21.

267 E. DEL CHIARO. — Le contrat de société en Droit privé romain sous la République et au temps des jurisconsultes classiques, Th. Nancy, '28.

268 A. CHOTARD. — Théorie générale des prisonniers de guerre, Th. Paris, '93.

269 R. CLÉMENT. — Des mesures prises par les Romains pour encourager les constructions et pour assurer la protection des édifices, Th. Paris, '89.

270 P. CLOSSET. — Notes sur les actions noxales, R. G. D., XLVI, '22, 268-279 ; XLVII, '23, 32-44.

271 A. COLIN. — Des fiançailles, Th. Paris, '87.

272 Ch. COLLARD. — De l'authenticité de la loi des XII tables, Louvain, 1907.

273 P. COLLART. — Les Papyrus Bouriant, P., '27.

274 P. COLLINET. — La saisie privée. Introduction. *Legis actio per pignoris capionem.* Th. Paris, '93.

275 —— Testament de Gaius Longinus Castor (189 ap. J.-C.). N. R. H., XVIII, '94, 573-582.

276 —— Droit celtique et Droit romain [régime des biens matrimoniaux ; saisie privée], Rev. Celtique, XVII, '95, 321-336.

277 —— Deux papyrus gréco-égyptiens d'Angleterre, N. R. H., XXI, '97, 533-542 ; XXII, '98, 388-390.

278 —— Contributions à l'histoire du Droit romain. I. — La puberté et la *plena pubertas*, N. R. H., XXIV, '00, 366-384.

279 —— Contributions à l'histoire du Droit romain. II. — La nature originelle de la *litis contestatio*, N. R. H., XXVI, '02, 529-553.

280 —— Contributions à l'histoire du Droit romain. — III. — L'histoire de la *confessio in iure*, N. R. H., XXIX, '05, 171-194.

281 —— Contributions à l'histoire du Droit romain. — IV. — Quelques corrections abusives des éditeurs des textes juridiques, N. R. H., XXXIII, '09, 182-191.

282 —— Contributions à l'histoire du Droit romain. — V. — Un nouveau critère d'interpolation : la désignation des actions sans *actio* ou *iudicium*, N. R. H., XXXIV, '10, 157-173.

283 —— La persistance des formules d'action au Bas-Empire d'après l'*Interpretatio Gai* (Palimpseste d'Autun), §§ 108-112, Atti del Congr. intern. di scienze stor., vol. IX, Roma, '04, 63-67.

284 —— Le rôle primitif de la stipulation, Mél. Gérardin, '07, 75-87.

285 —— La *natura actionis* dans l'œuvre de Justinien et ses rapports avec le libelle, Lille, s. d. [1909].

286 —— Le papyrus de Giessen sur la Constitutio Antoniniana, N. R. H., XXXIII, '09, 507.

287 —— La tradition des servitudes dans le droit de Justinien, Mél. Girard, 12, I, 185-199.

288 —— Etudes historiques sur le droit de Justinien. — I. — Le caractère oriental de l'œuvre législative de Justinien et les destinées des institutions classiques en Occident, P., '12.

289 —— Etudes historiques sur le droit de Justinien. — II. — Histoire de l'Ecole de Droit de Beyrouth, P., '25.

290 —— La science allemande du Droit romain et ses limites, R. I. E., XXXIX, '19, 448-460.

291 —— L'origine byzantine du nom de la Paulienne (après 533-viiᵉ siècle), N. R. H., XLIII, '19, 187-208.

292 —— Le P. Berol, gr. inv. nᵒ 2745 et la procédure par rescrit, Rev. égyptol., II, '21, 70-81.

293 —— La carrière de Leontius, professeur de droit à Beyrouth, préfet du prétoire d'Orient sous Anastase, C. R. Acad. Inscr., '21, 77-84.

294 —— Le diplôme militaire de Ma 'Rab (Liban), R. H. D., '23, 297-298.

295 —— Beyrouth, centre d'affichage et de dépôt des constitutions impériales, Revue *Syria*, '24, 359-372.

296 —— Les P. Oxy. 1876-1882 et la procédure par libelle avant Justinien, R. H. D., '24, 720-725.

297 —— Sur le byzantinisme du nom de la *condictio triticaria*, Studi Perozzi, '25, 239-245.

298 —— L'origine du décret d'interdiction des prodigues, Mél. Cornil, '26, I, 147-155.

299 —— Un programme d'étude sur l'emploi du cursus rythmique par la chancellerie impériale romaine, R. E. L., V, '27, 250-256.

300 —— Les preuves directes de l'influence de l'enseignement de Beyrouth sur la codification de Justinien, Byzantion, III, '27, 1-15.

301 —— Les nouveaux fragments des Institutes de Gaius (P. Oxy. 2103), R. H. D., '23, 92-97.

302 —— Nécrologie : Paul Frédéric Girard. R. H. D., '28, 315-325

303 —— Les facteurs de développement du Droit romain privé au Bas-Empire, Bull. of the intern. Committee of histor. sciences, number 5-july 1928, 623-631.

304 —— Le Rôle de la Doctrine et de la Pratique dans le développement du Droit romain privé au Bas-Empire ; essai de mise au point de la controverse, R. H. D., '28, 551-583 [à suivre].

305 —— **D. A. G. R.** *Traditio, Vacatio bonorum, Vehiculum.*
— Voir aussi F. de Visscher, nᵒ 1279.

306 **P. COLLINET et A. GIFFARD.** — Précis de Droit romain. 2 vol. in-16. — 1. — 2ᵉ édit., P., '28 ; II. — P., '27.

307 **P. COLLINET et P. JOUGUET.** — Un procès plaidé devant le *juridicus Alexandreae* dans la seconde moitié du ivᵉ siècle après J.-C., A. P. F., I, '00, 293-312.

308 —— Papyrus bilingue du Musée du Caire : Une affaire jugée par le *praeses Aegypti Herculiae*, A. P. F., III, '05, 339-348.

309 **P. COLLOMB.** — La papyrologie. [Initiation. Méthodes.] (Extr. du Bull. de la Faculté des Lettres de Strasbourg.) P., '27.

310 **H. E. COMBOTHECRA.** — Les actions pauliennes en Droit romain. Thèse pour la doctorat (Genève), P., '90.

311 **A. COQUERET.** — De l'influence des Pontifes sur le Droit privé à Rome, Th. Caen, '95.

312 **G. COQUEUGNIOT.** — De la conclusion des traités internationaux d'après le Droit public romain, Th. Paris, '91.

313 **H. CORNE.** — De la fiction du postliminium et de la fiction de la loi Cornélie, Th. Dijon, '95.

314 **G. CORNIL.** — Etude sur la publicité de la propriété dans le droit romain, Th. Bruxelles, '90.

315 —— Contribution à l'étude de la *Patria Potestas*, N. R. H., XXI, '97, 416-485.

316 —— A propos d'un discours rectoral : quelques réflexions sur l'enseignement du Droit romain, Rev. de Droit International et de Législation comparée (Bruxelles), '00, 653-669.

317 —— L'évolution de la vente consensuelle et la loi 50 D. *de actionibus empti et venditi*, N. R. H., XXV, '01, 136-160 ; 526.

318 —— Traité de la possession dans le droit romain, pour servir de base à une étude comparative des législations modernes, P., '05.

319 —— La protection possessoire dans les « Leges romanae barbarorum », Mél. Fitting, '07, I, 255-287.

320 —— *Debitum* et *obligatio*. Recherches sur la formation de la notion de l'obliga-

tion romaine. Mél. Girard, '12, I, 199-265.

321 —— La *Quaestio Domitiana* et le Droit comparé, Rev. de Droit Intern. et de Législation comparée (Bruxelles), '13, 308-385.

322 —— Droit romain. Aperçu historique sommaire... Bruxelles, '21.

323 —— Entr'aide juridico-philologique. Acad. Roy. de Belgique. Bulletin de la Classe des Lettres et des Sciences politiques et morales (Bruxelles), '24, 12-27.

324 **L.-A. CORNIQUET.** — Les attributions juridiques des Pontifes, Th. Paris, '94.

324 *bis* **N. CORODEANU.** — Sur la fonction du *vindex*. Etude de Droit romain, Bucarest, '19.

325 **G. COROI.** — La violence en Droit criminel romain, F., '15.

326 **L. COURTRAY.** — Du *mandatum pecuniae credendae*, Th. Paris, '95.

327 **L. CRÉMIEU.** — La justice privée. Son évolution dans la procédure romaine, Th. Paris, '08.

328 **A. CRESPEL.** — Garanties accordées au locateur d'immeubles, hypothèque tacite du locateur, Th. Paris, '91.

329 **P. CUCHE.** — La *legis actio sacramenti in rem*, essai sur la procédure civile primitive, Th. Caen, '91.

330 **H. CUÉNOT.** — De la condamnation civile à l'époque des actions de la loi, Th. Paris, '92.

331 —— De la sentence du juge et de sa réalisation dans l'action *sacramenti in rem*, N. R. H., XVII, '93, 321-362.

332 **Ed. CUQ.** — L'Edit publicien, N. R. H., I, '77, 623-655.

333 —— Etudes d'épigraphie juridique. — De quelques inscriptions relatives à l'administration de Dioclétien. 1. L'*examinator per Italiam.* — 2. Le *magister sacrarum cognitionum.* P., '81.

334 —— Les juges plébéiens de la colonie de Narbonne, Rome, '81.

335 —— Le Conseil des Empereurs, d'Auguste à Dioclétien, P., '84, in-4.

336 —— Le mariage de Vespasien d'après Suétone, P., '84.

337 —— Recherches historiques sur le testament *per aes et libram*, N. R. H., X, '86, 533-586.

338 —— De la nature des crimes imputés aux Chrétiens d'après Tacite, Rome, '86.

339 —— Les institutions juridiques des Romains, envisagées d'après leurs rapports avec l'état social et avec le progrès de la jurisprudence. — 1. L'ancien droit, préface par J.-E. Labbé, '91 ; 2. Le droit classique et le droit du Bas-Empire, '02, 2ᵉ édit., tomes Iᵉʳ et II, P., '04.

340 —— L'*examinatio per Ægyptum*, P., '93.

341 —— Recherches sur la possession à Rome, sous la République et aux premiers siècles de l'Empire, N. R. H., XVIII, '94, 5-59.

342 —— Le colonat partiaire dans l'Afrique romaine d'après l'inscription d'Henchir Mettich. (Extrait des Mémoires des savants étrangers, 1ʳᵉ série, XI, 1ʳᵉ partie.) P., '97, in-4.

343 —— Trois nouveaux documents sur les *cognitiones caesarianae*, N. R. H., XXIII, '99, 110-123.

344 —— Les vice-préfets du prétoire, N. R. H., XXIII, '99, 393-400.

345 —— Sur une nouvelle méthode d'interprétation des documents juridiques. A propos de l'inscription d'Henchir Mettich, N. R. H., XXIII, '99, 622-652.

346 —— De l'utilité des « Schede » de Borghesi sur les préfets du prétoire, pour l'histoire de la législation du Bas-Empire, Atti del Congr. intern. di scienze stor., vol. IX, Roma, '04, 339-346.

347 —— Une fondation en faveur des collèges municipaux de Préneste, N. R. H., XXVIII, '04, 265-272.

348 —— Un règlement administratif sur l'exploitation des mines au temps d'Hadrien, Mél. Gérardin, '07, 87-135.

349 —— Notes d'épigraphie et de papyrologie juridiques, I à XX, P., '08-09.

350 —— Notes d'épigraphie et de papyrologie juridiques. — I. La publicité des créances chirographaires et l'action Paulienne, d'après un papyrus du Musée britannique, N. R. H., XXXII, '08, 285-298.

351 —— Notes d'épigraphie et de papyrologie juridiques. — II. Contribution à l'histoire des Novelles, d'après une inscription d'Ephèse, N. R. H., XXXII, '08, 298-305.

352 —— Notes d'épigraphie et de papyrologie juridiques. — III. Deux inscriptions inédites d'Aljustrel. — VII. Le Marbre d'Aljustrel, N. R. H., XXXII, '08, 306-312, 665-673.

353 —— Le développement de l'industrie minière à l'époque d'Hadrien, J. S., '11, 294-304, 346-356.

354 —— Un nouveau vice-préfet du prétoire, C. R. Acad. Inscr., '12, 372-384.

355 —— Le sénatus-consulte de Délos de l'an 166 avant notre ère, Mém. Acad. Inscr., XXXIX, '14, 139-161.

356 —— Un nouveau document sur l'apokeryxis, Mém. Acad. Inscr., XXXIX, '14, 181-239.

357 —— Une scène d'affranchissement par la vindicte au premier siècle de notre ère, C. R. Acad. Inscr., '15, 537-551.

358 —— Une statistique de locaux affectés à

l'habitation dans la Rome impériale, Mém. Acad. Inscr., XL, '16, 279-335.

359 —— La maison romaine à l'époque impériale, J. S., '17, 241-250.

360 —— Manuel des institutions juridiques des Romains, P., '17 ; 2e édit., P., '28.

361 —— Un second papyrus byzantin sur l'apokeryxis, C. R. Acad. Inscr., '17, 354-369.

362 —— Les successions vacantes des citoyens romains tués par l'ennemi sous le règne de Claude, d'après une inscription de Volubilis, J. S., '17, 481-497, 538-543.

363 —— Note complémentaire sur l'inscription de Volubilis, C. R. Acad. Inscr., '18, 227-232.

364 —— La juridiction des édiles, d'après Plaute (Ménechmes, v. 590-593), R. E. A., XXI, '19, 249-258.

365 —— Une tablette à la cire du Musée de Leeuwarden, C. R. Acad. Inscr., '19, 265-282.

366 —— Un diptyque latin sur la tutelle dative des femmes, C. R. Acad. Inscr., '20, 40-56.

367 —— La cité punique et le municipe de Volubilis, C. R. Acad. Inscr., '20, 339-350.

368 —— Note sur Julien Priscus, préfet du prétoire de Gordien, C. R., Acad. Inscr., '22, 184-189.

369 —— La loi Gabinia contre la piraterie de l'an 67 av. J.-C., d'après une inscription de Delphes, C. R. Acad. Inscr., '23, 129-150 ; '24, 284-294.

370 —— Note sur la Novelle XXX de Justinien, Mél. Schlumberger, P., '24, 61-66.

371 —— Un fragment de loi romaine d'après une inscription de Delphes, R. H. D., '25, 541-565.

372 —— Cautionnement mutuel et solidarité, Mél. Cornil, '26, I, 155-180.

373 —— **D. A. G. R.** *Funus, Hasta, Honorarius, Honorarium, Hostis, Hypotheca, Indulgentia, Infans, Infanticidium, Ingenuus, Injuria, Intercessio, Judicatum, Jurgium, Jurisconsulti, Jurisdictio, Jus, Jusjurandum, Justitium, Legatum, Legis actio, Lex, Liberatio, Liberorum jus, Lis, Litis aestimatio, Locatio conductio, Mandatum, Minor, Missio in possessionem, Modus, Mora, Mores, Mos, Mutuum, Naufragium, Nauticum fœnus, Noxa, Noxalis actio, Origo, Pastus, Peculatus, Persona, Popularis actio, Postumus, Pragmatica sanctio, Prensio, Professio, Protimesis, Prudentium responsa, Retentio, Revocatio, Sacramentum, Sacrilegium, Stipulatio, Suus, Testamentum, Universitas, Usucapio, Usura, Usurpatio, Usus, Vindex, Vindicatio, Vindiciae, Vindicta, Vitium, Vocatio.* — Voir aussi Borghesi, no 155.

374 **L. CYPRÈS.** — De la curie au Bas-Empire, Th. Paris, '94.

375 **G. G. DANIELOPOULO.** — Des empiètements de l'État sur l'autonomie des chefs

de famille en Droit romain, Th. Paris, '03.

376 **R. DARESTE.** — Essai de restitution des lois I et II au Code de Justinien, *De officio praefecti praetorio Africae* (I, 27), R. L. A., III, '73, 42-53.

377 —— Fragments inédits de Droit romain d'après un manuscrit du Mont Sinaï, N. R. H., IV, '80, 643-657.

378 —— Les aqueducs de Rome, J. S., '82, 114-118.

379 —— Etude historique sur les impôts directs chez les Romains jusqu'aux invasions des Barbares, J. S., '82, 497-509.

380 —— Textes inédits de Droit romain, N. R. H., VII, '83, 361-385.

381 —— L'Etat romain, sa constitution et son administration, J. S., '83, 53-59.

382 —— Les affranchis à Rome, J. S., '88, 219-228.

383 —— Les assemblées provinciales dans l'Empire romain, J. S., '91, 46-54.

384 —— Un rescrit de l'empereur Hadrien, N. R. H., XVI, '92, 622-624.

385 —— Procès-verbal d'une instance en ouverture de testament (26 mai 184 ap. J.-C.), N. R. H., XVIII, '94, 583-588.

386 —— Les papyrus gréco-égyptiens du Musée de Berlin, N. R. H., XVIII, '94, 685-696, ; J. S., '95, 19-35.

387 —— Nouveaux textes de droit romain. [Deux orationes d'empereurs du Ier siècle. — Un édit d'Auguste.] N. R. H., XXII, '98, 685-693.

388 —— Fragments d'une paraphrase des Institutes de Gaius, tirée d'un manuscrit palimpseste du séminaire d'Autun, J. S., '99, 729-733.

388 *bis* —— Nouvelles études d'histoire du droit, P. '02 [contiennent entre autres études :]
Le Droit romain et le Droit grec dans Plaute (p. 149-175) ;
Les papyrus égyptiens de l'époque romaine (p. 176-213).

389 —— La *Lex Rhodia*, N. R. H., XXIX, '05, 429-448 = Nouv. Et. d'hist. du droit, 3e série, P. '06, 93-132.

390 **R. D'ARGENT.** — L'*ager publicus* sous les empereurs, Th. Paris, '93.

391 **M. DARMUZEY.** — Du contrat par correspondance, Th. Paris, '93.

392 **F. DAVID.** — Le droit augural de la divination officielle des Romains, Th. Paris, '95.

393 **F. DEBRAND.** — Etude de la règle *Res inter alios acta aliis neque nocet neque prodest*, Th. Dijon, '90.

394 **L. DEBRAY.** — De la représentation en justice par le *cognitor*, Th. Paris, '92.

395 —— Contribution à l'étude du serment

nécessaire, N. R. H., XXXII, '08, 125-160, 344-368, 437-461.

396 —— Le § *Cato* (D.XXXXV, 1, 4, § Iᵉʳ), la *stipulatio poenae* et les obligations indivisibles, R. G. D., XXXII, '08, 97-116, 217-241, 289-316.

397 —— Le fermier et la loi Aquilia. Autour du fr. 27, § 14, D. IX, 2, N. R. H., XXXIII, '09, 643-703.

398 —— Le *vadimonium* sous les Actions de la Loi, N. R. H., XXXIV, '10, 521-563.

399 —— A propos du *cognitor*, N. R. H., XXXVI, '12, 370-384.

400 —— La *cautio amplius non peti*, N. R. H., XXXVI, '12, 5-51.

401 —— Contribution à l'étude de la loi *Plaetoria* relative à la protection des mineurs de vingt-cinq ans, Mél. Girard, '12, I, 265-315.

402 —— Pétrone et le Droit privé romain, N. R. H., XLIII, '19, 5-70, 127-186.

403 —— Recherches sur l'édit du préteur. — Une *praescriptio* en matière *d'actio judicati* dans l'édit du préteur urbain antérieur à Julien, N. R. H., XLIV, '20, 391-450.

404 —— Les doctrines de Celsus sur les *res communes omnium* et la composition du livre 39 de ses *Digesta*, R. G. D., XLV, '21, 1-14.

405 **J. DECLAREUIL.** — Quelques problèmes d'histoire des institutions municipales au temps de l'Empire romain, N. R. H., XXVI, '02, 233-267, 437-468, 554-607 ; XXVIII, '04, 306-336, 474-500, 578-603 ; XXXI, '07, 461-490, 609-644 ; XXXII, '08, 28-65 ; XXXIV, '10, 174-212.

406 —— Quelques notes sur certains types de fidéicommis, Mél. Gérard.n, '07, 135-157.

407 —— Les comtes de cité à la fin du vᵉ siècle, N. R. H., XXXIV, '10, 794-836.

408 —— Paternité et filiation : contribution à l'histoire de la famille légale à Rome, Mél. Girard, '12, I, 315-353

409 —— Rome et l'organisation du droit. (Collection de l'Evolution de l'Humanité, t. XIX), P., '24.

410 **F. DECLEY.** — Histoire de la centralisation dans l'Empire romain, Th. Caen, '96.

411 **J. DÉJARDIN.** — L'action *pecuniae constitutae*, principalement dans ses rapports avec l'action *certae creditae pecuniae*, Th. Paris, '14.

412 **DELACOURTIE.** — De l'action tributoire, Th. Paris, '91.

413 **L. DELAPLANCHE.** — De la location des biens ruraux à prix d'argent et à portion de fruits, Th. Paris, '89.

414 **D. DELAUNAY.** — Des relations des magistrats et du Sénat (*jus agendi cum patribus*) sous la République, Th. Rennes, '96.

415 **A. DELOUME.** — Les manieurs d'argent à Rome. Les grandes compagnies par actions. Le marché puissance des publicains et des banquiers, P., '90 ; 2ᵉ édit., '92.

416 —— La passion de l'argent dans les instincts, les lois et les mœurs des Romains. — Ploutocratie croissante jusqu'à l'Empire, Rec. de lég. de Toulouse, 2ᵉ S., III, '07, 1-47.

417 **G. DELVAS.** — Du *pignus nominis*, Th. Paris, '92.

418 **M. DEMAISON.** — Du terme dans les obligations, Th. Paris, '90.

419 **A. DEMANGEAT.** — De la cession de créances, Th. Paris, '90.

420 **C. DEMANGEAT.** — Des obligations solidaires en Droit romain, commentaire du titre *de duobus reis* du Digeste, P., '59.

421 —— De la condition du fonds dotal en Droit romain, commentaire du titre du Digeste *de fundo dotali*, P., '60.

422 —— Cours de Droit romain, 2 vol., 3ᵉ édit., P., '76.

423 **P. DEMANGEAT.** — De l'aveu dans la procédure civile romaine, Th. Paris, '90.

424 **G. DEMANTE.** — Des précaires ecclésiastiques dans leur rapport avec les sources du Droit roma.n, R. H. D., VI, '60, 45-54.

425 **P. DENIAU.** — Etude comparée de la dot *profectice* et de la donation *propter nuptias*, Th. Toulouse, '91.

426 **L. DENISSE.** — Du contrat de transport par mer, Th. Paris, '91.

427 —— Recherches sur l'application du Droit romain dans l'Egypte, province romaine. (Vente, Testament, Mariage, Condition des femmes, Amendes contractuelles), N. R. H., XVI, '92, 673-697 ; XVII, '9., 21-44.

428 **J. DÉNOYEZ.** — Le sénatus-consulte juventien, Th. Strasbourg, '26.

429 **L.-F. DENTRAYGUES.** — Etude historique sur l'action *institoria*, Th. Paris, '10.

430 **P. DERVILERS.** — Des peines de l'adultère en Droit romain avant, sous et après la loi Julia *de adulteriis*, Th. Paris, '93.

431 **Baron DESAZARS.** — L'organisation administrative et judiciaire de l'empire romain sous les empereurs byzantins. R. G. D., V, '81, 416-425 ; VI, '82, 431-438.

432 **A. DESCHAMPS.** — Le dol et la faute des incapables, Th. Paris, '89.

433 —— Sur l'expression « locare operas »

et le travail comme objet de contrat à Rome, Mél. Gerardin, '07, 157-181.

434 A. DESJARDINS. — De l'aliénation et
de la prescription des biens de l'Eglise,
dans le droit du Bas-Empire et dans le droit
des Capitulaires, R. H. D., VI, '60, 254-
265.

435 —— De l'action *praescriptis verbis*, R.
H. D., XI, '65, 622-642.

436 —— Les deux formules des actions *depo-
siti et commodati*, R. H. D., XIII, '67,
122-141.

437 —— Note sur l'action *tributoria*, R. H.
D., XIII, '67, 417-435.

438 —— Etude historique sur les causes
d'interruption de la prescription et spécialement sur l'origine des articles 2.244
à 2.247 du Code civil, N. R. H., I, '77,
293-306 (pour la période romaine).

439 —— Traité du vol dans l'antiquité et
spécialement en Droit romain, P., '81.

440 —— **D. A. G. R.** *Defensor civitatis,* —
ecclesiae.

441 M. DESLANDRES. — Histoire de la protection de la famille romaine contre la
liberté de tester, Th. Paris, '89.

442 M. DESRIBES. — De la *condictio inde-
bili*, Th. Paris, '92.

443 F. DESSERTEAUX. — Etude sur les
effets de l'adrogation, Rev. bourg. de l'ens.
sup., II, '92, 21-56, 379-429, 679-752.

444 —— Le cas de la femme d'Arretium (Cicéron, *pro Caecina*, 33, 34), Mél. Gérardin, '07, 181-197.

445 —— Etudes sur la formation historique
de la *capitis deminutio*, 3 vol. — P., '09,
'19-26, '28.

446 —— La transformation d'une controverse (Rapports de l'*accessio personae* et
de la *capitis deminutio*), Mél. Girard, '12,
I, 353-389.

447 —— Contribution à l'étude de l'Edit.
Formation de la théorie prétorienne relative aux dettes contractuelles en cas de
capitis deminutio minima, N. R. H.,
XXXVI, '12, 423-472.

448 —— *Capitis deminutio maxima et me-
dia, fidejussio*, obligation naturelle, confis-
cation, Mél. Cornil, '26, I, 181-214.

449 —— Des effets en Droit romain de la
restitutio du condamné à la servitude pénale et à la déportation, T. R. G., '26-
'27, 281-313.

450 —— La *capitis deminutio* dans le droit
byzantin. T. R. G., '28, 129-278 [t. III
du nᵒ 445].

451 J. DESTARAC. — La brigue électorale à
Rome et à la fin de la République, Th.
Toulouse, '08.

452 Ch. DESTRAIS. — De la propriété et des
servitudes en Droit romain, P., '85.

453 G. DETHÁU. — De jure offerendae pecuniae, Th. Paris, '89.

454 G. DETROYE. — Du tombeau et de la
violation de sépulture, Th. Paris, '90.

454 bis L. DEVAUX. — De la nature et de
l'ordre d'introduction des divers moyens
mis à la disposition des créanciers pour
faire révoquer les actes du débiteur faits
en fraude de leurs droits, Th. Paris, '92.

455 E. DIDIER-PAILHÉ et Ch. TARTARI.
— Cours élémentaire de Droit romain,
2 vol., 3ᵉ édit., P., '87.

456 Ch. DIEHL. — Justinien et la civilisa-
tion byzantine au vɪᵉ siècle, P., '01, in-4.

457 C. DIEUDONNÉ. — Vente de la chose
d'autrui, Th. Paris, '93.

458 L. DOMENGET. — Traité élémentaire
des actions privées en Droit romain, P., '47.

459 —— Institutes de Gaïus, contenant le
texte et la traduction en regard, avec le
commentaire au-dessous. Nouvelle édition,
P., '66.

460 E. DREYFUS-GONZALEZ. — Etude sur
la condition juridique des artistes peintres
en Droit romain, Th. Paris, '03.

461 L. DROIN. — Mesures prises à Rome
dans l'intérêt des emprunteurs d'argent,
Th. Paris, '91.

462 G. DRUCKER. — De la protection de
l'enfant contre les abus de la puissance
paternelle, Th. Paris, '94.

463 A. DUBOIS. — De l'occupation et de la
concession par l'Etat ou par la *gens*, leur
rôle dans l'histoire de la propriété à Rome,
Th. Lille, '93.

464 E. DUBOIS. — La Table de Clés, inscription de l'an 46 ap. J.-C., concernant le
droit de cité romaine des *Anauni*, des *Tul-
liasses* et des *Sinduni*, R. L. A., II, '72,
7-52.

465 —— La saisine héréditaire en Droit romain, N. R. H., IV, '00, 101-142, 427-
445.

466 —— Institutes de Gaius, 6ᵉ édit. (1ʳᵉ
française), d'après l'*Apographum* de Stu-
demund, P., '81, in-16.

467 —— Notice sur M. P. Heimburger, professeur de Droit romain à la Faculté de
droit de Strasbourg, N. R. H., V, '81, 315-
328.

468 E. DUBUISSON. — Essai sur la théorie
du dol en Droit romain, Th. Dijon, '97.

469 Du CAURROY. — Institutes de Justinien, traduites et expliquées, 2 vol., 8ᵉ édition, P., '51.

470 G. DUFOUR. — De l'emphytéose, Th.
Paris, '93.

471 M. DUFOURMANTELLE. — De l'acquisition de la possession héréditaire par les
successeurs du défunt, Th. Paris, '90.

472 **A. DUFRÈCHE.** — Des risques dans les contrats, Th. Paris, '89.

473 **M. DUHAMEL.** — La *potestas censoria*, Th. Caen, '91.

474 **D. DURANDY.** — Des particularités juridiques des sociétés de publicains, Th. Aix, '93.

475 **P. DUSERNE.** — De l'exercice de la médecine et de la pharmacie à Rome. Th. Toulouse, '91.

476 **A. DUMAS.** — L'action *de eo quod certo loco dari oportet* en droit classique, N.R.H., XXXIV, '10, 610-669.

477 —— Les origines romaines de l'art. 1150 du Code civil. (Histoire de l'interprétation de la *l. un. C.J., 7.47 de sententiis quae pro eo quod interest proferuntur.*) Etudes Girard, '13, II, 95-125.

478 **J. DUMAS.** — Causes et effets de la rogation agraire de Licinius Stolon, Th. Paris, '93.

479 **A. DUMÉRIL.** — Aperçus sur les révolutions du droit criminel à Rome sous la République, d'après les travaux les plus récents publiés en France, R.G.D., VII, '83, 314-329, 406-422.

480 **H. DUMÉRIL.** — Les manieurs d'argent à Rome, R.G.D., XIV, '90, 418-429.

481 **F. DUMONT.** — Les donations entre époux en Droit romain, Th. Paris, '28.

482 **F. DUPOUY.** — Le Droit civil romain d'après l'*Ecloga*, Th. Bordeaux, '02.

483 **C. DUPUY.** — Des juridictions civiles à Rome et dans les provinces, jusqu'à Dioclétien, Th. Bordeaux, '90.

484 **J. DUQUESNE.** — Distinction de la possession et de la détention en Droit romain, son fondement historique et son critérium, Th. Paris, '98.

485 —— La contexture générale de la « cautio judicatum solvi », Mél. Fitting, '07, I, 321-355.

486 —— Contribution à l'étude de la *cautio judicatum solvi*, Mél. Gérardin, '07, 197-229.

487 —— Cicéron « pro Flacco », XXX-XXXII, et l' « in integrum restitutio », Ann. Univ., Grenoble, XX, '08, 285-323.

488 —— A travers la *condictio*, N. R. H., XXXII, '08, 213-225.

489 —— La *translatio judicii* dans la procédure civile romaine, Ann. Univ. Grenoble, XXII, '10, 209-327, 603-719.

490 —— *Donatio, delegatio, condictio*, Mél. Girard, '12, I, 389-419.

491 —— Louis Debray, R. H. D., '22, 310-319.

492 —— L'action de la loi Plaetoria, Mél. Cornil, '26, I, 215-245.

493 —— **D. A. G. R.** *Translatio judicii.*

494 **L. DUVAL-ARNOULD.** — Etude sur quelques points de Droit romain au Vᵉ siècle, d'après les lettres et les poèmes de Sidoine Apollinaire, Th. Paris, '88.

495 **F. ECCARD.** — Le précaire dans le droit classique, Th. Paris, '93.

496 **E. EGGER.** — Conjectures sur le nom et les attributions d'une magistrature romaine, à propos de la biographie du philosophe Musonius Rufus, J.S., '84, 346-349.

497 **B. EFIMOF.** — L'énigme des fruits en Droit romain, N. R. H., XXIII, '09, 170-187.

498 **E. ENGELHARDT.** — Histoire du droit fluvial conventionnel, précédée d'une étude sur le régime de la navigation intérieure aux temps de Rome et au moyen âge, N. R. H., XII, '88, 735-750 (époque romaine).

499 **H. ERMAN.** — D. 44. 2. 21. 4. Etudes de droit classique et byzantin, Mél. Appleton, 201-304.

500 —— La publicienne et les revendications utiles, R. G. D., XV, '91, 249-258, 309-320, 415-419, 511-520 ; XVI, '92, 124-130.

501 —— Mélanges de Droit romain. I. Les théories romaines sur l'entreprise avec les matériaux de l'entrepreneur, R.G.D., XVI, '92, 327-339.

502 —— II. Les formules *in factum* et la consomption des actions, R.G.D., XX, '96, 527-533.

502 bis —— La restitution des frais de procès en Droit romain, Univ. de Lausanne, Travaux des Facultés, '92, 107-125.

503 —— *Servus vicarius*, Recueil publié par la Faculté de droit de Lausanne, '96, 391-532.

504 —— L'exégèse des Pandectes en Allemagne, R.G.D., XXVII, '03, 164-167.

505 **A. ESMEIN.** — Le délit d'adultère à Rome, N. R. H., '78, 1-35, 397-442 = Mél., 71-169.

506 —— Les colons du *saltus Burunitanus*, J.S., '80, 686-705 = Mél., 293-321.

507 —— Un traité de droit syro-romain du Vᵉ siècle, J.S., '80, 316-326 = Mél., 403-417.

508 —— Un fragment de loi municipale romaine, J.S., '81, 117-130 = Mél., 269-292.

509 —— La Table de Bantia, J.S., '82, 541-552 = Mél., 323-338.

510 —— La *manus*, la paternité et le divorce dans l'ancien Droit romain, R.G.D., VII, '83, 5-15, 121-137 = Mél., 1-36.

511 —— Quelques observations sur les nouveaux textes de droit romain publiés par M. Dareste [fragments du Livre IX des Responsa Papiniani avec les notes de Paul et d'Ulpien]. N.R.H., VII, '83, 479-502 = Mél., 339-358.

512 —— Notice sur M. Ch. Giraud, N.R.H., VII, '83, 229-247.

513 —— Le testament du mari et la *donatio ante nuptias*, N. R. H., VIII, '84, 1-31 = Mél., 37-70.

514 —— Sur l'histoire de l'usucapion, N.R. H., IX, '85, 261-302 = Mél., 171-217.

515 —— Les baux de cinq ans du Droit romain, N.R.H., X, '86, 1-10 = Mél., 219-229.

516 —— La poursuite du vol et le serment purgatoire, Mél. d'hist. du droit..., 233-244.

517 —— Débiteurs privés de sépultures, Mél. d'hist. du droit..., 244-266.

518 —— Sur quelques lettres de Sidoine Apollinaire [compositio, colonat, prêt, mariage, comes civitatis], Mél. d'hist. du droit..., 359-392.

519 —— Les baux perpétuels des formules d'Angers et de Tours, Mél. d'hist. du droit..., 393-402.

520 —— Mélanges d'histoire du droit et de critique. Droit romain, P. '86 [contient les nᵒˢ 505 à 511, 513 à 519].

521 —— La nature originelle de l'action *rei uxoriae*, N.R.H., XVII, '93, 145-171.

522 —— Les coutumes primitives dans les écrits des mythologues grecs et romains, N.R.H., XXV, '01, 121-135 ; XXVI, '02, 5-31, 113-146.

523 —— C. Accarias, 1831-1903, N. R. H., XXVIII, '04, 80-90.

524 —— L'effet relatif de la chose jugée, Mél. Gérardin, '07, 229-255.

525 —— *Decem faciunt populum*, Mél. Girard, '12, I, 457-475.

526 **PH. FABIA.** — D. A. G. R. *Plebiscitum.*

527 **P.-M. FABRE.** — Du rôle de la volonté des parties dans la tradition, Th. Lyon, '90.

528 **E. FALGAIROLLE.** — De l'enseignement du droit chez les Romains avant Justinien, Th. Aix, '83.

529 **L. FALETTI.** — Evolution de la juridiction civile du magistrat provincial sous le Haut-Empire, Th. Paris, '26.

530 **P. FALLOY.** — Des ventes aux enchères publiques, Th. Paris, '93.

531 **H. FAUCON.** — Des privilèges des militaires, Th. Paris, '93.

532 **B. FAVENC.** — De la constitution de dot par ascendant, Th. Toulouse, '90.

533 **A. FERRADOU.** — Des biens des monastères à Byzance, Th. Bordeaux, '96.

534 **FIÉFFÉ-LACROIX.** — La clef des lois romaines ou dictionnaire analytique et raisonné de toutes les matières contenues dans le Corps de Droit, 2 vol. in-4, Metz, 1809-1810.

535 **P. FIETTA.** — Etudes sur les origines de la théorie classique des actions, Th. Nancy, '88.

536 **G. FILOTI.** — La condition résolutoire dans le Droit français et romain, Th. Paris, '09.

537 **F. FITTING.** — *Sciens indebitum accipere.* Etude de jurisprudence romaine classique, Th. Lausanne, '26.

538 **J. FLACH.** — De la subrogation réelle, R.H.D., XIV, '68, 448-487, 551-575; XV, '69, 369-425, 497-556.

539 —— La *bonorum possessio* sous les empereurs romains, Th. Paris, '70.

540 —— Etude historique sur la durée et les effets de la minorité en Droit romain et dans l'ancien droit français, P. '70.

541 —— M. Pethmann-Hollweg. (Nécrologie.) N.R.H., I, '77, 505-507.

542 —— La table de bronze d'Aljustrel. Etude sur l'administration des mines au 1ᵉʳ siècle de notre ère, N.R.H., II, '78, 269-282, 645-694.

543 —— Nécrologie : M. Paul Gide, N.R.H., IV, '80, 759-766.

544 —— Etudes critiques sur l'histoire du Droit romain au Moyen âge avec textes inédits, P. '90.

545 —— *Fundus, villa* et village, N.R.H., XXIV, '00, 385-388.

546 —— Le Droit romain dans les chartes du IXᵉ au XIᵉ siècle, Mél. Fitting, '07, I, 383-423.

547 **A. FLINIAUX.** — Le vadimonium, Th. Paris, '08.

548 —— La *dicarum scriptio* et deux papyrus égyptiens de l'époque ptolémaïque, N. R. H., XXXIII, '09, 535-549.

549 —— Les effets de la simple absence dans la procédure de l'*ordo judiciorum privatorum* à l'époque de Cicéron (pro Quinctio, XIX, 60 ; in Verrem, II, 2, 22-26), Etudes Girard, '13, I, 43-65.

550 —— Le Sénatusconsulte juventien et la *litiscontestatio*, R. H. D., '23, 82-117, 187-209.

551 —— Une vieille action du Droit romain. L'action « de pastu », Mél. Cornil, '26, I, 245-295.

552 —— Discours [sur la responsabilité délictuelle en Droit romain], A. U. P., III, '28, 107-117.

553 —— **D. A. G. R.,** *Vadimonium.*

554 **L. de FOUCHIER.** — Du jeu chez les Romains, Th. Paris, '93.

555 **FOURCADE.** — De la *satisdatio judicatum solvi*, Th. Lyon, '89.

556 **P. FOURNIER.** — Notice sur les écrits d'Edouard Beaudouin, N. R. H., XX, '01, 188-223.

557 —— Hippolyte Pissard, N. R. H., XL, 16, 280-288.

558 —— A propos des *expositi*, R. H. D., '26, 302-308.

559 **P. de la FOURNIÈRE.** — Des rétentions de dot, Th. Paris, '93.

560 **P. de FRANCISCI.** — Quelques observations sur l'histoire du testament conjonctif réciproque, R. H. D., '24, 57-82.

561 —— Esquisses de Droit romain : I. L'étatisation progressive du Droit romain ; II. L'évolution du Droit romain et les influences étrangères, La Thémis polonaise, '26/27.

562 **J. FREGIER.** — Paraphrase grecque des Institutes de Justinien, par le professeur Théophile, traduite en français, P. 1847.

563 **R. de FRESQUET.** — Du tribunal de famille chez les Romains, R. H. D., I, '55, 12ˉ-147.

564 —— De la *manus* en Droit romain, R. H. D., II, '56, 135-164.

565 —— De l'origine politique et de l'importance de la distinction des *res mancipi* et *nec mancipi* dans l'ancien Droit romain, R. H. D., III, '57, 509-524.

56o —— Principes de l'expropriation pour cause d'utilité publique à Rome et à Constantinople jusqu'à l'époque de Justinien. — Des limitations apportées par les lois au droit de propriété tant dans l'intérêt général que dans l'intérêt privé, R. H. D., IV, '60, 97-132.

567 **T. de FRESQUET.** — Traité élémentaire de Droit romain, 2 vol., P., '55.

568 **H. FROMAGEOT.** — Sur le développement historique de l'*actio injuriarum* en Droit privé romain, Th. Paris, '91.

569 **C. de FROMONT de BOUAILLE.** — Des *chirographa* et des *syngraphae*, Th. Lyon, '94.

570 **FUSTEL de COULANGES. — D.A.G.R.** *Regnum, Rex, Romanorum Res publica.*

571 **C. GABIAT .**—— Théorie du *dies cedens* en matière de legs, Th. Paris, '91.

572 **L. GALLAND.** — Essai sur la *condictio incerti*, Th. Lyon, '96.

573 **L. GALTIER.** — Du rôle des évêques dans le Droit public et privé du Bas-Empire, Th. Paris, '93.

574 **M. GARAUD.** — L'*in jure cessio hereditatis*, R. H. D., '22, 141-190.

575 —— Le Droit romain dans les chartes poitevines du IXᵉ au XIᵉ siècle, Mél. Cornil, '26, I, 399-424.

576 **P. GARNOT.** — De l'effet des exceptions partielles en Droit romain classique, Th. Lyon, '94.

577 **H. GARRELON.** — Etude sur le plaidoyer de Cicéron *pro Roscio Comoedo* et la *condictio certae pecuniae*, Th. Bordeaux, '91.

578 **E. GARSONNET.** — Histoire des locations perpétuelles et des baux à longue durée, P. '79.

579 —— Textes de droit romain... P. '88, in-12.

580 **A. GASCOIN.** — De l'influence dans la législation romaine des distinctions personnelles aux auteurs de crimes ou délits en matière pénale ordinaire, Th. Paris, '95.

581 **A. GASQUY.** — Cicéron jurisconsulte, avec une table des principaux passages relatifs au Droit, P., '87 (Thèse lettres, Aix).

582 **E. GAUCKLER.** — Etude sur le *Vindex*, N. R. H., XIII, '89, 601-635.

583 **E. GAULTIER.** — De la protection des servitudes par les interdits, Th. Paris, '94.

584 **P. GAUDOUIN.** — La *locatio-conductio operis*, Th. Paris, '89.

585 **G. GAVET.** — De l'*allegatio gestis*, Mél. Girard, '12, I, 499-505.

586 **E. GAYET. — D. A. G. R. :** *Centumviri, Collegium, Dediticii.*

587 **Ch. GAZANIOL.** — Opérations et procédés de la banque romaine, Th. Toulouse, '94.

588 **R. GÉNESTAL.** — Les origines du privilège clérical, N. R. H., XXXII, '08, 161-212.

589 **M. GÉNIN.** — Du fondement de la distinction des obligations corréales et des obligations in solidum, Th. Lyon, '93.

590 **F. GÉNY.** — Etude sur la fiducie, Th. Nancy, '84.

591 **A. GEOUFFRE de LAPRADELLE.** — L'évolution historique du serment décisoire, Th. Paris, '94.

592 **J. GEORGET.** — De l'organisation du travail au Bas-Empire d'après le Code Théodosien, Th. Bordeaux, '95.

593 **D. GEORGIADÈS.** — La *collatio bonorum*, Th. Paris, '02.

594 **C. GÉRARDIN.** — Etude sur la solidarité. N. R. H., VIII, '84, 237-266 ; IX, '85, 137-154, 385-404.

595 —— De l'acquisition des fruits par l'usufruitier, N. R. H., VIII, '84, 609-63o.

596 —— Le legs de la chose d'autrui, N. R. H., XI, '87, 709-724.

597 —— La tutelle et la curatelle dans l'ancien Droit romain, N. R. H., XIII, '89, 1-20.

598 —— R. von Ihering, R. G. D., XVIII, '94, 154-170.

599 —— De la garantie de la dot en Droit romain, N. R. H., XX, '96, 5-17.

600 —— De la représentation dans le *mutuum*, N. R. H., XXIV, '00, 26-36.

601 **O. GHERGHEL.** — Le système des peines et le régime de leur exécution dans la législation romaine, comparés avec la législation française et les législations étrangères, Th. Paris, '00.

602 **P. GIDE.** — Du caractère de la novation en Droit romain, R. L. A., I, '70-71, 113-148.

603 —— Un *pactum fiduciae*. — Note sur une inscription latine récemment découverte, R. L. A., I, '70-'71, 74-92.

604 —— Des conditions de la novation d'après les Instituts de Gaius, R. L. A., I, '70-'71, 672-730.

605 —— Du caractère de la dot en Droit romain, R. L. A., II, '72, 121-178.

606 —— Observations sur le contrat *litteris*, R. L. A., III, '73, 121-162.

607 —— Du transport des créances en droit romain (1er article), R. L. A., IV, '74, 33-71.

608 —— De la délégation en droit romain, N. R. H., II, '78, 509-553.

609 —— Etude sur la novation et le transport des créances en Droit romain. P., '79.

610 —— M. Machelard (nécrologie), N. R. H., IV, '80, 766-768.

611 —— De la condition de l'enfant naturel et de la concubine dans la législation romaine, N. R. H., IV, '80, 377-599, 409-426.

612 —— Etude sur la condition privée de la femme dans le droit ancien et moderne et en particulier sur le Sénatus-Consulte Velléien, suivie du caractère de la dot en Droit romain et de la condition de l'enfant naturel et de la concubine dans la législation romaine. 2e éd., avec une notice biographique par A. Esmein, P., '85.

613 **A. GIFFARD.** — La *confessio in jure* étudiée spécialement dans la procédure formulaire, Th. Paris, '00.

614 —— La loi 6 *de confessis* (D., 42, 2) et l'*Oratio Divi Marci*, N. R. H., XXIX, '05, 449-475.
—— Voir aussi P. Collinet et A. Giffard, nᵒ 306.

615 **C. GILLARD.** — Essai sur l'origine des rentes. Des créances de prestations périodiques à perpétuité et à vie, Th. Paris, '99.

616 **G. GILLY.** — Les collèges funéraires sous l'empire romain, Th. Paris, '95.

617 **J. GILSON.** — L'étude du Droit romain comparé aux autres droits de l'antiquité, Paris, Strasbourg, '99.

618 **C. GINOULHIAC.** — De la philosophie des Jurisconsultes romains, P., '49.

619 **J.-B.-A. GIOUX.** — Etude sur les juridictions criminelles dans la cité romaine jusqu'à la fin de la République, Th. Poitiers, '90.

620 **P.-F. GIRARD.** — L'action *auctoritatis*, N. R. H., VI, '82, 180-218 = Mél., II, 5-34.

621 —— Les stipulations de garantie, N. R. H., VII, '83, 537-592 = Mél., II, 46-100.

622 —— La garantie d'éviction dans la vente consensuelle, N. R. H., VIII, '84, 395-439 = Mél., II, 106-153.

623 —— Etudes historiques sur la formation du système de la garantie d'éviction en Droit romain, Paris, '84.

624 —— Les actions noxales, N. R. H., XI, '87, 409-449 ; XII, '88, 31-58 = Mél., II, 305-383.

625 —— L'épigraphie latine et le Droit romain, R. I. E., '89, II, 217-256 = Mél., I, 343-414.

626 —— Le *fragmentum de formula fabiana*, N. R. H., XIV, '90, 677-704.

627 —— L'étude des sources du Droit romain, R. I. E., '90, I, 615-626 = Mél., I, 451-466.

628 —— Textes de droit romain, P., 5e éd., '23, in-18.

629 —— La date de 'a loi Aebutia, Z. S. S., XIV, '93, 11-54 ; N. R. H., XXI, '97, 249-294 = Mél., I, 67-113.

630 —— L'Histoire de la *condictio* d'après M. Pernice, N. R. H., XIX, '95, 408-425.

631 —— Manuel élémentaire de Droit romain, 7e éd., P., '24.

632 —— L'organisation judiciaire de Rome au temps des rois, N. R. H., XXV, '01, 45-92.

633 —— Histoire de l'organisation judiciaire des Romains, I, P., '01.

634 —— L'Histoire des XII Tables, N. R. H., XXVI, '02, 381-436 = Mél., I, 3-64.

635 —— L'enseignement des Pandectes, R. I. E., '03, II, 97-107 = Mél., I, 466-482.

636 —— Les assises de Cicéron en Cilicie, Mélanges Boissier, P., '03, 217-222.

637 —— L'Edit perpétuel, N. R. H., XXVIII, '04, 117-164 = Mél., I, 249-308.

638 —— Une exception à la division de la loi Furia *de sponsu*, Studi Fadda, '06, 51-67.

639 —— Textes juridiques latins inédits découverts en Egypte. (1. : Diplôme militaire ; 2. et 3. : Aditions d'hérédité ; 4. : Déclaration de naissance.) N. R. H., XXX, '06, 477-498.

640 —— Un document sur l'édit antérieur à Julien. Valerius Probus *De litteris singularibus*, 5, 1, 24 ; extr. de Aus röm. u. burg. Recht E. J. Bekker... überreicht, Weimar, '07 = Mél., I, 177-213.

641 —— Les jurés de l'action d'injures, Mél. Gérardin, '07, 255-282 = Mél., II, 383-421.

642 —— Nouvelles observations sur la date de la loi Aebutia, Z. S. S., XXIX, '08, 113-169 = Mél., I, 114-174.

643 —— Le manuscrit Charpin du Code Théodosien, N. R. H., XXXIII, '09, 493-506.

644 —— Un second manuscrit des extraits alphabétiques de Probus (Paris, latin, 4841), N. R. H., XXXIV, '10, 479-520.

645 —— La date de l'Edit de Salvius Julianus, N. R. H., XXXIV, '10, 5-40 = Mél., I, 214-248 ; J. S., '10, 16-26.

646 —— La chronologie des ouvrages des jurisconsultes romains, Mél., I, 311-340.

647 —— L'enseignement du droit romain en 1912, N. R. H., XXXVI, '12, 557-572.

648 —— Mélanges de Droit romain, 2 vol. Paris, '12-'23.

649 —— Les leges Iuliae *judiciorum publicorum et privatorum*, Z. S. S., XXXIV, '13, 295-372.

650 —— La loi des XII tables. Leçons faites à l'Université de Londres en mai 1913. London, '14.

651 —— L'*auctoritas* et l'action *auctoritatis*. Inventaire d'interpolations, Mél., II, 153-301.

652 —— Alciat et la *Notitia dignitatum*, Studi Perozzi, '25, 59-87.

653 **Ch. GIRAUD.** —— Recherches sur le droit de propriété chez les Romains sous la République et sous l'Empire. I, P., '38.

654 —— Histoire du Droit romain ou Introduction historique à l'étude de cette législation. P., '42.

655 —— Des *nexi* ou de la condition des débiteurs chez les Romains, P., '47.

656 —— Les tables de Salpensa et de Malacca, 2ᵉ éd. P., '56.

657 —— La Lex Malacitana, R. H. D., **XII**, '66, 305-334, 433-459 ; XIII, '67, 79-102.

658 —— Les bronzes d'Osuna, R. L. A., IV, '74, 365-370.

659 —— La table de bronze d'Aljustrel, J. S., '77, 240-248.

660 —— *De Novella* 118, J. S., '77, 495-502 ; 567-576.

661 —— Le concubinat en droit romain, J. S., '80, 176-189.

662 **L. GIRAUD.** —— La parenté par les femmes, R. G. D., IX, '86, 201-210, 435-461, 493-519.

663 **A. GIRAULT.** —— Des effets de la *mora*, Th. Poitiers, '89.

664 **E. GLASSON.** —— De la *bonorum possessio* établie par l'édit Carbonien, R. H. D., XII, '66, 335-362.

665 —— Etude sur Gaius et sur le *ius respondendi*. P., '67.

666 —— Bibliographie de Droit romain, R. H. D., XIV, '68, 488-509.

667 —— Etude sur Gaius et sur quelques difficultés relatives aux sources du droit romain. Nouv. édit. P., '85.

668 **G. GLOTZ.** —— Un Code fiscal de l'Egypte romaine, J. S., '22, 215-224.

669 **R. GONNARD.** —— Les corporations d'artisans sous la république romaine, R. G. D., XXI, '97, 343-361.

670 —— Essai sur l'évolution du Droit romain au sujet du contrat en faveur de tiers, Th. Lyon, '99.

671 **G. GOYAU.** —— La tétrarchie, Etudes Girard, '13, I, 65-85.

672 **F. GOYET.** —— De la *manus injectio*, Th. Lyon, '06.

673 **G. GRAND.** —— Du rôle des censeurs et de leurs représentants en matière de dépenses publiques, Th. Paris, '94.

674 **J. GRANDMOULIN.** —— Nature délictuelle de la responsabilité pour violation des obligations contractuelles, Th. Rennes, '92.

675 **L.-J.-A. GRANDPERRET.** —— De la fonction originaire et normale de l'interdit *uti possidetis*, Th. Lyon, '93.

676 **P. GRÉCIANO.** —— Du rôle de l'Etat en matière monétaire à Rome, Th. Paris, '95.

677 **F. GREIF.** —— De l'origine du testament romain, Th. Paris, '88.

678 **G. GRÉGOIRE DE ROULHAC.** —— Etude sur la condition juridique des latins juniens, Th. Paris, '89.

679 **E. GRELLET-DUMAZEAU.** —— Le barreau romain... depuis son origine jusqu'à Justinien. 2ᵉ éd. P., '58.

680 **A. GRENIER.** —— D. A. G. R. *Vicus.*

681 **F. GRIVAZ.** —— Etude sur le legs de dot, Th. Grenoble, '94.

682 **J. CROS.** —— De l'estimation dans les actes produisant une obligation de restitution ; étude historique et juridique, Th. Toulouse, '94.

683 **G. GRUFFY.** —— De la durée de la personne juridique, Th. Paris, '93.

684 **A. GUARNERI CITATI.** — En matière d'affranchissement frauduleux, Mél. Cornil, '26, I, 425-515.

685 **J. GUÉGAN.** — Des successions dévolues au fisc, Th. Rennes, '93.

686 **L. GUENOUN.** — La *lex Sempronia judiciaria* (632, U. C.), Etudes Girard, '13, I, 85-99.

687 —— La *cessio bonorum*, Th. Paris, '20.

688 **L. GUÉRIN.** — Etude sur le fondement juridique des persécutions dirigées contre les Chrétiens pendant les deux premiers siècles de notre ère, N. R. H., XIX, '95, 601-646, 713-737.

689 **L.-L. GUÉRIN.** — Du droit de superficie, Th. Paris, '93.

690 **E. GUILLAUME. — D. A. G. R. :** *Aerarium.*

691 **G. GUILLAUMOT.** — L'Egypte, province romaine, Th. Paris, '91.

692 **P. DE GUILLIN.** — De la prescription extinctive des actions et en particulier de l'action hypothécaire, Th. Paris, '89.

693 **G. GUILLOT.** — De la *pars majorve potestas* et de ses conséquences civiles sous la République, Th. Rennes, '96.

694 **P. GUIRAUD.** — Les assemblées provinciales dans l'empire romain. P., '87.

695 —— L'impôt sur le capital sous la République romaine, N. R. H., XXVIII, '04, 440-473.

696 —— La propriété primitive à Rome, R. E. A., VI, '04, 221-255.

697 **A. HAJJE.** — Etudes sur les locations à long terme et perpétuelles dans le monde romain, Th. Paris, '26.

698 —— Histoire de la justice seigneuriale en France, I, Origines romaines, Th. Paris, '27.

699 **C. HALGAN.** — De l'administration des provinces sénatoriales sous l'empire romain, Th. Paris, '98.

700 **L. HALKIN.** — Les esclaves publics chez les Romains, Bruxelles, '97.

701 **Ch. HARDY.** — *Successio in locum creditoris*, Th. Paris, '93.

702 **G. HARTEMANN.** — Etude sur la distinction des actes inexistants et des actes annulables dans le Droit romain, l'ancien Droit français et le Code civil, Th. Nancy, '89.

703 **X. D'HAUCOUR.** — L'évolution historique du concubinat romain, N. R. H., XVIII, '94, 703-745.

704 **Th. D'HAUCOURT.** — Le proconsulat et la province romaine, Th. Rennes, '91.

705 **M. HAURIOU.** — *Boni viri arbitrium et clausula doli*, N. R. H., V, '81, 99-114.

706 —— Origine de la corréalité, N. R. H., VI, '82, 219-240.

707 **E. HÉBERT.** — Etude du Droit privé primitif à Rome d'après Denys d'Halicarnasse, Th. Caen, '90.

708 **E. HECHT.** — Du paiement fait à une personne autre que le créancier, Th. Paris, '89.

709 **A.-J.-R. HEINSIUS.** — La *controversia de usufructu* du Droit romain de l'époque classique, R. H. D., '23, 118-126.

710 —— Le procès concernant la servitude « quae in superficie consistit », R. H. D., '23, 127-132.

711 **E. HENRIOT.** — Mœurs juridiques et judiciaires de l'ancienne Rome, d'après les poètes latins, 3 vol. P., '65.

712 **C. HÉRISSON.** — Droits de succession ab intestat entre époux, Th. Paris, '92.

713 **R. HERSENT.** — Du legs de libération, Th. Paris, '90.

714 **N. HERZEN.** — Origine de l'hypothèque romaine, Th. Lausanne, '98.

715 —— La date des actions hypothécaires romaines, N. R. H., XXII, '98, 791-802 ; XXIII, '99, 5-26.

716 —— L'*insula in flumine nata*, N. R. H., XXIX, '05, 561-580.

717 —— Précis de Droit romain, P., '06.

718 —— Le concours de plusieurs hypothèques et D. 20. 3. 3., Mél. Gérardin, '07, 299-319.

719 —— Horace et le « vadimonium desertum », N. R. H., XXXV, '11, 145-157.

720 —— Les produits de la chose et le possesseur de bonne foi, Mél. Girard, '12, I, 523-549.

721 **J.-A. HILD. — D. A. G. R. :** *Vestalis.*

722 **M. HIMBOURG.** — Organisation des cités dans la Gaule romaine, Th. Paris, '91.

723 **J. HITIER.** — L'exception *non numeratae pecuniae*, Th. Paris, '90.

724 —— La limitation des fonds de terre dans ses rapports avec le droit de propriété, R. G. D., XVIII, '94, 526-537.

725 **L. HOMO.** — Les Institutions politiques romaines (Collection de l'Evolution de l'Humanité XVIII), P., '27.

726 **J. HORNUNG.** — Essai historique sur cette question : Pourquoi les Romains ont-ils été le peuple juridique de l'ancien monde ? Th. Genève, '47.

727 **A. HOUDOY.** — Le Droit municipal. 1ʳᵉ partie : De la condition et de l'admi-

nistration des villes chez les Romains, P., '76.

728 —— Le Prêt à intérêt et son histoire (Du prêt à intérêt et de son histoire, par M. G. Pelisse), N. R. H., II, '78, 167-188.

729 M. HOUQUES-FOURCADE. — Masurius Sabinus, Th. Bordeaux, '89.

730 J. HOURTOULE. — Des *quaestiones perpetuae* depuis leur origine jusqu'à l'Empire, Th. Nancy, '89.

731 A. HUARD. — Du droit de disposer par testament et de ses limites dans les origines du Droit romain, Th. Paris, '89.

732 E. HUBERT. — Du droit de vente du créancier hypothécaire, Th. Toulouse, '92.

733 —— Le droit pénal romain, R. G. D., XVIII, '94, 442-446.

734 HULOT. — Les Institutes de l'Empereur Justinien, traduites par ——. Metz, 1806, in-4.

735 HULOT et BERTHELOT. — Les 50 livres du Digeste ou des Pandectes de l'Empereur Justinien, traduits par ——, 7 vol. in-4. Metz, 1803-1805.

736 G. HUMBERT. — **D. A. G. R. :** *Abacti magistratus, Abdicatio, Abigei, Abigere partum, Absens, Accrescendi jus, Accusator, Acta, — forensium, — judiciorum. — principis, — senatus, Actis (ab), Actor publicus, Actuarii, Addictio bonorum libertatis causa, Addictus, Adlecti, Adlectio, Adlector, Adulterium, Adversaria, Advocatio, Advocatus fisci, Aediles, — coloniarium et municipiorum, Aequitas, Aes alienum, — confessum, — equestre, — hordearium, —. uxorium, Aestivi, hiberni saltus, Agentes in rebus, Ager publicus, — romanus, — vectigalis, Agrariae leges, Agrimensor, Album, Alimenta, Alimentarii pueri et puellae, Altercatio, Ambitus, Amici Augusti, Amicitia, Ampliatio, Annales leges, Annona, — civica, — militaris, Annonariae species, Antecessor, Anulus aureus, Apparitores, Appellare, Appellatio, Applicationis jus, Aqua, Arca, Argentarii, Arrha, Artifices, Assessor, Auctio, Auctor, Auctoramentum, Auctoritas patrum, Auditorium, — principis, Aurum vicesimarium, Barbari, Bigamia, Bona, — caduca, — damnatorum, Bona fides, Bonam copiam jurare, Bona templorum, — vacantia, Bonorum cessio, Bonorum possessio, Bonorum sectio, Caducariae leges, Calendarium, Calumnia, Capitatio humana, — terrena, Caput, Carcer, Castigatio, Castratio, Causae collectio, Cautio, Censibus (a), Censor, — municipalis, Censoria locatio, Census, Centesima, Centuria, Certi, incerti, actio, Chirographum, Chrysargirum, Circumscriptor, Civitas, Classis, Cliens, Codex accepti et depensi, Collegia illicita, Colonus, Comes, Comitia, Commercium, Commissoria lex, Commissum, Commodatum, Communio, Communi dividundo actio, Compensatio, Conatus, Conciliabulum, Concilium, Concursus actionum, — delictorum, Concussio, Confessoria actio, Confiscatio, Connubii jus, Conscius, Consilium, — principis, Consistorium principis, Cons-titutum, Consul, Consularis, Contio, Contumacia, Conventus, Crimen, — expilatae hereditatis, Culeus, Cura annonae, Curia, Cursus publicus, Custodia, Debitoris ductio, Debitum, Decemviri, Decoctor, Decuria, Decurio, Dediticii, Deductio, Dejecti effusive actio, Delator, Denuntiatio, Denuntiatores, Depositum, Deserti agri, Detestatio sacrorum, Dictator, Dies, Divinatio, Dolus malus, Dominus, Duumviri juri dicundo, Duumviri perduellionis, Edictalis, Editio, Emtio vendilio, Eremodicium, Ereptitium, Evictio, Excusatio, Exercitoria actio, Exheredatio, Exhibendum actio (ad), Expilator, Expositio, Falsum, Familiae erciscundae actio. Fictio, Fideicommissum, Finium regundorum actio, Fiscus, Foedus, Frumentariae leges, Fundus, Furtum, Gradus, Heredium, Homicidium, Honorati, Incendium, Incestum, Incola, Infamia, Inquilinus, Institoria actio, Interdictum, Judex, Judicium, Judicia publica, Judicium domesticum, Latrocinium, Legatum, Lenocinium, Litis contestatio, Majestas, Mancipium, Manus injectio, Opera publica, Operis novi nuntiatio, Per condictionem actio, Per judicis postulationem actio, Peregrinus, Pignus, Praedium, Praejudicium, Praes, Proscriptio, Publiciana actio, Quod jussu actio, Quorum bonorum, Recepta, Receptator, Redemptor, Status.*

737 J. HUMBERT. — Les plaidoyers écrits et les plaidoieries réelles de Ciceron, Th. lettres, Paris, '25.

738 —— Contribution à l'étude des sources d'Asconius dans ses relations des débats judiciaires, Th. lettres, Paris, '25.

739 J. HUMBLOT. — Du caractère subsidiaire de l'action de dol, Th. Paris, '92.

740 L. HUYN DE VERNÉVILLE. — Du damnum infectum, Th. Nancy, '92.

741 C. HUSSON. — Le recouvrement de la possession en Droit romain classique, Th. Lyon, '25.

742 P. HUVELIN. — Les tablettes magiques et le droit romain, Ann. intern. d'hist., Congrès de Paris, 1900, 2e section, P., '02, 15-78.

743 —— La notion de l' « injuria » dans le très ancien droit romain, Mél. Appleton, '03, 369-500.

744 —— Stipulatio, Stips et Sacramentum, Studi Fadda, '06, VI, 77-108.

745 —— L'arbitrium litis aestimandae et l'origine de la formule, Mél. Gérardin, '07, 319-355.

746 —— Sur un texte d'Alfenus Varus (Dig. 9. 2. 52. 1), Mél. Girard, '12, I, 559-573.

747 —— Etudes sur le Furtum dans le très ancien Droit romain. I. Les sources, Lyon, '15.

748 —— L'animus lucri faciendi dans la théorie romaine du vol, N. R. H., XLII, '18, 73-101.

749 —— Cours élémentaire de droit romain, publié par R. Monier, 2 vol. P., '27-'28.

750 ——**D. A. G. R.** *Negotiorum gestio, Nexum, Nomina transscripticia, Obligatio, Obvagulatio, Solutio.*

751 **R. v. IHERING.** — L'Esprit du droit romain (trad. O. de Meulenaere), 4 vol., 3e éd., P., '86-'88.

752 —— De la faute en droit privé (trad. O. de Meulenaere), P., '80.

753 —— Mélanges V à IX (trad. O. de Meulenaere), P., '80-'02.

754 —— Fondement des interdits possessoires. Critique de la théorie de Savigny (trad. O. de Meulenaere), P., '81.

755 —— Du rôle de la volonté dans la possession (trad. O. de Meulenaere), P., '91.

756 —— OEuvres choisies (trad. O. de Meulenaere), P., '93.

757 —— Histoire du développement du Droit romain. OEuvre posthume (trad. O. de Meulenaere), P., '00.

758 —— L'évolution du droit (trad. O. de Meulenaere), P., '01.

759 **L. INQUINBERT.** — De la juridiction du Sénat à l'égard des magistrats, sous la République, Th. Paris, '91.

760 **V.-L. IOACHIMOVICI.** — Le *jusjurandum necessarium* à l'époque classique du Droit romain, Th. Paris, '12.

761 **R. JACQUELIN.** — De la fiducie, Th. Paris, '91 .

762 **Em. JARRIAND.** — Novelle 118 en Droit romain, Th. Paris, '89.

763 **M. JARRY.** — Changements qu'apporte à la propriété riveraine le voisinage d'un cours d'eau, Th. Paris, '90.

764 **L. JEANNEAU.** — De la condition des femmes au point de vue des hérédités testamentaires et légitimes, Th. Paris, '92.

765 **J. JEANNENEY.** — Du pacte commissoire dans la vente, Th. Paris, '89.

766 **G. JÈZE.** — Les lois agraires sous la République, Th. Toulouse, '92.

767 —— Les registres de naissance à Rome, R. G. D., XVIII, '94, 416-436.

768 **E. JOBBÉ-DUVAL.** — Etude sur la condition résolutoire en Droit romain, Th. Paris, '75.

769 —— Etude sur l'histoire de la procédure civile chez les Romains. I. La procédure par le pari (*agere per sponsionem*), P., '96.

770 —— Explication du no 173 du livre Ier du « De Oratore » de Cicéron, N. R. H., XXVIII, '04, 537-577 ; XXIX, '05, 9-48.

771 —— La nature de la *querela inofficiosi testamenti* selon les jurisconsultes byzantins, Mél. Fitting, '07, I, 437-465.

772 —— Explication de la loi 16 au Code *de inofficioso testamento*, 3. 28, Mél. Gérardin, '07, 355-399.

773 —— Histoire de la doctrine relative à la nature de la *querela inofficiosi testamenti*, N. R. H., XXXI, '07, 755-801.

774 —— Les morts malfaisants, *larvae, lemures* d'après le Droit et les croyances populaires des Romains, R. H. D., '23, 344-384, 554-596.

775 —— Les morts malfaisants « *Larvae, lemures* », d'après le Droit et les croyances populaires des Romains, P., '24.

776 —— La *Legis Actio* avec formules à l'époque de Cicéron, Mél. Cornil, '26, I, 515-591.

777 **L. JOSSERAND.** — Essai sur la nature des actions qui sanctionnent les *negotia nova*, Th. Lyon, '92.

778 **E. JOUAULT.** — De la transmission des *sacra privata*, Th. Paris, '93.

779 **A. JOUET.** — De la condition juridique des affranchis, Th. Paris, '91.

780 **P. JOUGUET.** — La vie municipale dans l'Egypte romaine, Th. lettres, P., '11.

781 —— Papyrus de Théadelphie, Th. lettres, P., '11.

782 —— Une lettre de l'empereur Claude aux Alexandrins, J. S., '25, 5-19.

783 —— Les papyrus latins d'Egypte, R. E. L., III, '25, 35-50.
— Voir aussi P. Collinet et P. Jouguet, nos 307-308.

784 **A. JOURDAN.** — Etudes de droit romain. L'hypothèque, P., '75.

785 **JOUSSERANDOT.** — L'Edit perpétuel restitué et commenté, 2 vol., P., '83.

786 **C. JULLIAN.** — **D. A. G. R.** *Decurialis, Fabri, Flamen, Honestiores humiliores, Illustres, Juridicus, Jus italicum.*
— Voir aussi J. Carcopino et C. Jullian, no 225.

787 **J. JUSTER.** — Examen critique des sources relatives à la condition juridique des Juifs dans l'empire romain, Th. Paris, '11.

788 —— Les droits politiques des Juifs dans l'empire romain, Th. Paris, '12.

789 **E. KAILA.** — L'Unité foncière en droit romain, P., '27.

790 **J. KALINDERO.** — Droit prétorien et réponses des Prudents, P., '85.

791 —— Etude sur le régime municipal romain, Bucarest, '87.

792 **P.-W. KAMPHUISEN.** — La garantie en cas d'éviction en droit romain hors du contrat de vente, R. H. D., '27, 607-650.

793 **N. KARADGÉ-ISKROW.** — Les choses publiques en Droit romain, P., '28.

794 **F.-L. de KELLER.** — De la procédure civile et des actions chez les Romains, traduit par C. Capmas, P., '70.

795 **R. de KERALLAIN.** — La date de la loi Junia Norbana, R. G. D., VII, '83, 156-158.

796 **S. KIATIBIAN.** — Le butin, Th. Paris, '92.

797 **M. KONSTANTINOVITCH.** — Le *periculum rei venditae* en Droit romain, Th. Lyon, '23.

798 **J. de KOSCHEMBAHR-LYSKOWSKY.** — *Conventiones contra bonos mores* dans le Droit romain, Mél. Cornil, '26, II, 13-37.

799 **M. KROELL.** — Du rôle de l'écrit dans la preuve des contrats en Droit romain, Th. Nancy, '06.

800 **Ed. LABATUT.** — Les édiles et la censure du théâtre à Rome, R. H. D., XIV, '68, 34-46.

801 —— L'Edit des Ediles, R. G. D., III, '79, 5-13, 242-248, 349-355.

802 —— **D. A. G. R.** *Aquaeductus.*

803 **E.-H. LABBE.** — De la nature de la sat'sfaction obtenue par le titulaire d'un droit judiciairement reconnu, Th. Lille, '94.

804 **J.-E. LABBÉ.** — Etudes sur quelques difficultés relatives à la perte de la chose due et à la confusion (textes de Droit romain expliqués). 4 livraisons, P., '67-69.

805 —— De l'action à exercer contre celui au', par dol, a cessé de posséder, R. L. A., II, '72, 461-491.

806 —— De l'action du propriétaire qui, après avoir possédé sa chose, en est actuellement dessaisi, R. L. A., IV, '74, 373-407.

807 —— De l'*apparitio* des magistrats romains, R. L. A., V, '75, 47-81, 442-459, 571-577, 694-703.

808 —— Du mariage romain et de la *manus*, N. R. H., XI, '87, 1-20.

809 —— Un mot sur la question des risques. (Souvenirs de Droit romain, à propos des art. 1138 et 1184 du C. civ.) N. R. H., XII, '88, 377-385.

810 **L. LABORDE.** — Les écoles de droit dans l'Empire d'Orient, Th. Bordeaux, '12.

811 **P. LABORDERIE.** — Un contrat de travail dans les mines de Dacie au temps des Antonins, R. G. D., XXXIII, '09, 193-198.

812 —— Quelques notes sur la *cautio* dans la pratique romaine aux temps classiques, R. G. D., XXXIII, '09, 439-447.

813 —— L'application des droits pérégrins dans le monde romain, R. G. D., XXXIV, '10, 41-48.

814 —— Du moyen de procédure visé par Ulpien dans la loi 1, pr., *Quae in fraudem creditorum* (Digeste, XXXXII, 8), R. G. D., XXXV, '11, 5-10.

815 —— Essai sur la répression civile du *furtum*. Esquisse de la *condictio furtiva,* R. G. D., XXXVI, '12, 20-27.

816 **Ed. LABOULAYE.** — Essai sur les lois criminelles des Romains, P., '45.

817 —— Les tables de bronze de Malaga, R. H. D., I, '55, 529-578.

818 —— La table de bronze d'Esterzili (Sardaigne), expliquée par le chanoine G. Spano et le comte C. Baudi di Vesme, R. H. D., XIII, '67, 513-522.

819 **P. de LABRIOLLE.** — Tertullien jurisconsulte, N. R. H., XXX, '06, 5-27.

820 **Ed. LACAZE.** — De la nature de la stipulation de peine, Th. Paris, '89.

821 **P. LACOMBE.** — La famille dans la société romaine, P., '89.

822 **L. LACOSTE.** — Du dol dans les contrats, Th. Toulouse, '94.

823 **G. LACOUR-GAYET.** — **D. A. G. R.** *Curator civitatis,* — *reipublicae, Curialis, Exsecutor.*

824 **G. LACROIX.** — Etude sur l'institution de l'annone civile chez les Romains, Th. Toulouse, '95.

825 **R. LAÊNNEC.** — Du droit des *patres familias* à Rome sur le mariage de leurs enfants, Th. Paris, '99.

826 **G. LAFAYE.** — **D. A. G. R.** *Elogium, Laudatio.*

827 **L. LAFERRIÈRE.** — De l'influence du stoïcisme sur la doctrine des jurisconsultes romains, P., '60.

828 **W. LA FONTA.** — De l'*adpromissio*, Th. Paris, '93.

829 **A. de LAGARRIGUE.** — Des *retentiones ex dote*, Th. Toulouse, '91.

830 **Ed. LAMBERT.** La stipulation pour autrui. De la nature du droit conféré au bénéficiaire contre le promettant, Th. Paris, '93.

831 —— La question de l'authenticité des XII Tables et les *Annales maximi*, N. R. H., XXVI, '02, 149-200.

832 —— Le problème de l'origine des XII Tables, R. G. D., XXVI, '02, 385-421, 481-497 ; XXVII, '03, 15-22.

833 —— L'histoire trad'tionnelle des XII Tables et les critères d'inauthenticité des traditions en usage dans l'école de Mommsen, Mél. Appleton, '03, 501-626.

834 **J. LAMBERT.** — La règle catonienne. Th. Lyon, '25.

835 **M.-E. LAMBERT.** — Des pactes sur succession future et du partage amiable, Th. Paris, '92.

836 **J. LAMEIRE.** — De l'interdit salvien, Th. Paris, '92.

837 **E. LAMOUZÈLE.** — Les peines de l'exil en Droit romain, Th. Toulouse, '99.

838 **E. LAMY.** — De la *justa causa* en matière de transmission de droits réels, Th. Rennes, '93.

839 **G. LANCE.** — Sur l'évolution de la *condictio* dans le droit classique, Th. Paris, '97.

840 **S. LANZAC de LABORIE.** — Etude historique sur la séparation des patrimoines en Droit romain et dans l'ancien Droit français, Th. Paris, '91.

841 **F. LAPASSET.** — Gains de survie du conjoint dans la législation de Justinien, Th. Paris, '92.

842 **L. LAPASSET.** — Etude sur l'emphythéose en Droit romain et en Droit français, Th. Montpellier, '00.

843 **R. LAPRAT.** — Le *crimen suspecti tutoris*, Th. Nancy, '26.

844 **E. LARCHER.** — Des constructions élevées sur le terrain d'autrui, Th. Nancy, '94.

845 **G. JARDÉ.** — Le tribunal du clerc dans l'Empire romain et la Gaule franque, Moulins, '20.

846 **G. LARDEUR.** — Du *pactum displicentiae*, Th. Paris, '93.

847 **L. LARIVIÈRE.** — Des traités conclus par Rome avec les rois étrangers, Th. Paris, '92.

847 *bis* **F. LARNAUDE.** — L'insinuation des donations, Th. Paris, '77.

848 **L. LAROCQUE.** — Le don du fiancé à Rome et dans les provinces romaines avant Justinien, Th. Toulouse, '98.

849 **H. LASSERRE.** — De la *restitutio in integrum quod metus causa*, Th. Toulouse, '89.

850 **A. LATREILLE.** — Du legs de la chose d'autrui, Th. Toulouse, '94.

851 **R. LATRILLE.** — La répression de la désertion en Droit romain et en Droit français, Th. Toulouse, '19.

852 **J.-Ch. LAURAINE.** — Des *annonae civicae* et du *panis gradilis*, Th. Bordeaux, '90.

853 **R. LAVIGNE.** — *De lege rhodia de jactu*, Th. Caen, '93.

854 **Ed. LE BLANT.** — Des voies d'exception employées contre les martyrs, N. R. H., IX, '85, 107-117.

855 **G. LE BRAS.** — L'évolution générale du procurateur en Droit privé romain, des origines au iiiᵉ siècle, Th. Paris, '22.

856 **A. LECOMTE.** — La pluralité des tuteurs en Droit romain, Th. Paris, '27.

857 **A. LÉCRIVAIN.** — Etude sur le *curator rei publicae*, Th. Toulouse, '20.

858 **Ch. LÉCRIVAIN.** — Le Sénat romain depuis Dioclétien, à Rome et à Constantinople, Th. lettres, Paris, '88.

859 —— Explication d'une loi du Code théodosien, Rev. hist. XXXIX, '89, 323-325, (L. 13, *De indulgentia debitorum*, XI, 28.)

860 —— Remarques sur l'Interpretatio de la lex romana Visigothorum, Ann. du Midi, I, '89, 145-182.

861 —— Restitution d'une loi du Code de Justinien (I, 26, 6), N. R. H., XIV, '90, 486-487.

862 —— Le terme stoïcien *verecundia* dans la langue du Digeste, N. R. H., XIV, '90, 487-489.

863 —— Le Droit grec et le Droit romain dans les controverses de Sénèque le père et dans les déclamations de Quintilien et de Calpurnius Flaccus, N. R. H., XV, '91, 680-691.

864 —— De la capacité des villes en matière d'héritages et de legs, sous l'Empire romain, N. R. H., XV, '91, 677-679.

865 —— **D. A. G. R.** *Gens, Hospitium, Judiciariae leges, Latifundia, Latini, Libertus, Lictor, Loca publica, — relicta, Magistratus, — municipales, Mancipatio, Manumissio, Manus, Matrimonium, Morbus sonticus, Multa, Munus, Natalis dies, Nobilis, Notarius, Officiales, Officium, Opus publicum, Oratio principis ad Senatum, Ordo judiciorum, Parricidium, Patricii, Patronus, Perduellio, Plebs, Poena, Postulatio, Praetor, Principatus, Princeps, Proclamatio in libertatem, Propretor, Provocatio, Quadruplator, Quaestio per tormenta, Quaestor, Quanti minoris actio, Rapina, Raptus, Recuperatio, Recuperator, Redbibitoria actio, Relatio, Repetundae (pecuniae), Rescriptum, Restitutio in integrum, Reus, Rutiliana actio, Senatus, Senatusconsultum, Senatus municipalis, Sepulcri violatio, Servitus poenae, Societas, Socius (sceleris, delict'), Sortitio, Specificatio, Sportulae, Spurii, Statuliber, Status quaestio, Stuprum, Subscriptio, Superficies, Supplicium, Tabellio, Tabulae novae, Talio, Taxatio, Tergiversatio, Terminus motus, Testimonium falsum, Testimonium, Testis, Trapezitai, Tresviri, Triumviri, Tribuni plebis, Tributum, Viator, Vicarius, Vis major, Vis privata et publica.*

866 **A. LEFAS.** — L'adoption testamentaire à Rome, N. R. H., XXI, '97, 721-763.

867 **Ch. LEFEBVRE.** — Le mariage et le divorce à travers l'histoire romaine, N. R. H., XLII, '18, 102-133.

868 **Ch.-E. LEFÈVRE.** — Histoire et organisation des collèges d'artisans à Rome, Th. Paris, '94.

869 **E. LEFÈVRE.** — Du rôle des tribuns de la plèbe en procédure civile, Th. Paris, '10.

870 —— De la situation juridique du propriétaire qui devient par erreur locataire de son propre fonds, Mél. Cornil, II, 37-65.

871 Raymonde **LEFÈVRE**. — Des *sacra privata* en Droit romain, Th. Paris, '28.

872 **Ch. LE FORT**. — Deux jubilés de jurisconsultes allemands, Bethmann-Hollweg et Fr. Bluhme, R. L. A., I, '70-'71, 302-308.

873 **J. LEFORT**. — La table de bronze d'Aljustrel, d'après M. Soromenho, R. G. D., I, '77, 29.-299.

874 —— L'Octava et le Portorium, R. G. D., VII, '83, 250-255.

875 —— La légalité des poursuites contre les Chrétiens dans l'Empire romain, R. G. D., VIII, '84, 139-143.

876 —— Le Patrocinium, R. G. D., XIII, '89, 47-58.

876 bis —— Les Banquiers à Rome, R. G. D., XXXVII, '13, 58-65.

877 —— La peine du suicide et les traditions populaires romaines, R. G. D., XLIX, '25, 112-116.

878 **B. LEGAT**. — Les Institutes de Théophile, paraphrase des Institutes de Justinien traduites en français, P., '47.

879 **H. LEGRAS**. — La table latine d'Héraclée (la prétendue *Lex Julia municipalis*) Th. Caen, '07.

880 —— Le *privilegium* en Droit public à la fin de la République romaine, N. R. H., XXXII, '08, 584-611, 650-664.

881 **L. LEMARIÉ**. —— De l'action *tributoria* ou de la liquidation du pécule commercial de l'esclave romain, Th. Paris, '10.

882 **J. LEMONNIER**. — Etude historique sur la condition privée des affranchis aux trois premiers siècles de l'Empire romain, Th. lettres, Paris, '87.

883 **O. LENEL**. — Essai de reconstitution de l'Edit perpétuel, trad. par F. Peltier, 2 vol., P., '01-'03.

884 **F. LENORMANT**. — **D. A. G. R.** *As, Aureus, Colonia, Denarius, Pecunia.*

885 **G. LEPOINTE**. — Quintus Mucius Scaevola, Th. Paris, '26.

886 **E. LE SACHE**. — Du *mandatum pecuniae credendae*, Th. Paris, '90.

887 **A. LESAGE**. — Le formalisme dans la législation romaine, Th. Paris, '95.

888 **L. LESAGE**. — Des réponses des Prudents comme source du droit, Th. Paris, '94.

889 **Ch. LESCŒUR**. — Des *sacra privata* chez les Romains, (C. R. du IIIe congr. scient. intern. des catholiques), Bruxelles, '95.

890 **J. LESQUIER**. — Le mariage des soldats romains, C R. Acad., Inscr., '17, 227-236.

891 —— L'armée romaine d'Egypte d'Auguste à Dioclétien (mémoires de l'Institut français d'archéologie Orientale au Caire), tome 41, Le Caire, '18, in-4.

892 **M. LE TELLIER**. — L'organisation centuriate et les comices par centuries, Th. Paris, '96.

893 **A. LEVET**. — Le bénéfice de compétence, Th. Grenoble, '27

894 **H. LÉVY-BRUHL**. — Le témoignage instrumentaire en Droit romain, Th. Paris, '10.

895 —— Examen d'un critérium grammatical de datation : le temps des verbes employés dans les citations des jurisconsultes romains, Etudes Girard, '13, I, 99-123.

896 —— Etude sur la *Cretio*, N. R. H., XXXVIII, '14, 153-183.

897 —— La fonction du très ancien testament romain, N. R. H., XLV, '21, 634-669.

898 —— La *denegatio actionis* sous la procédure formulaire, Lille, '24.

899 —— La *causae cognitio* sous la procédure formulaire, T. R. G., V, '24, 383-431.

900 —— Le latin et le Droit romain, R. E. L., II, '24, 103-120.

901 —— Une application originale du talion en matière de procédure civile, Mél. Cornil, '26, II, 65-80.

902 —— Prudent et préteur, R. H. D., '26, 5-39.

903 **M. LEWANDOWOSKI**. — La question sociale à Rome aux temps des Gracques, Th. Lyon, '96.

904 **J. LHOMER**. — Histoire de la répudiation en droit romain, Th. Paris, '02.

905 **P. LIÉNARD**. — Le préteur pérégrin, Th. Paris, '93.

906 **H. LOBUT**. — L'antichrèse autrefois et aujourd'hui, son évolution historique, son rôle dans la pratique, Th. Paris, '97.

907 **CH. LOISEAU**. — De la compétence territoriale des magistrats romains investis du *jus dandi tutores*, N. R. H., X, '86, 361-387.

908 **V. LOISEAU**. — De l'*in integrum restitutio quod metus causa*, Th. Paris, '93.

909 **F. LOT**. — De l'étendue et de la valeur du *caput* fiscal sous le Bas-Empire, R. H. D., '25, 5-60, 177-192.

910 **A. LOUP**. — Le calendrier juridique des jours fastes et néfastes dans l'ancienne Rome, Th. Toulouse, '08.

911 **P. LOUIS-LUCAS**. — De la préférence des Romains pour les garanties personnelles (*satisdationes*) comparées aux sûretés réelles. (Essai sur la loi 25, *De div. reg. jur. ant.*, D., L, 17), R. G. D., IX, '85, 533-549 ; X, '86, 232-252, 301-312.

912 —— La procédure pénale romaine, R. G. D., XI, '87, 250-255.

913 —— **D. A. G. R.** *Exactio.*

914 **P.-L. LUCAS** et **A. WEISS.** — **D. A. G. R.** *Edictum decretum.*

915 **E. LYON.** — Le droit chez Isidore de Péluse, Etudes Girard, '13, II, 209-223.

916 **E. MACHELARD.** — Textes de droit romain sur la possession, les hypothèques et les donations entre époux, P. '56.

917 —— Dissertation sur l'accroissement entre les héritiers testamentaires et les colégataires aux diverses époques du Droit romain, R. H. D., III, '57, 161-201, 305-342, 401-427 ; IV, '58, 1-37, 101-131, 309-345, 421-454 ; VI, '60, 5-44, 193-218, 545-572.

918 —— Des obligations naturelles en Droit romain, P. '61.

919 —— Etude sur la règle Catonienne en Droit romain, R. H. D., VIII, '62, 313-341, 513-540.

920 —— Théorie générale des interdits en Droit romain P., '65.

921 —— Observations sur les *responsa prudentium*, R. L. A., I, '70-'71, 535-560.

922 —— Examen de la règle : *Dies incertus conditionem in testamento facit*, R. L. A., III, '73, 325-376.

923 —— Observations sur la corréalité, R. L. A., V, '75, 249-269, 357-386.

924 —— Dévolution des successions en Droit romain, R. L. A., VI, '76, 413-437.

925 —— Dévolution et accroissement dans la *querela inofficiosi testamenti*, N. R. H., I, '77, 411-432.

926 —— Dissertations de Droit romain et de Droit français publiées par Machelard suivies d'appendices par Labbé, P., '82.

927 **J. MACQUERON.** — L'histoire de la cause immorale ou illicite dans les obligations en Droit romain, Th. Paris, '24.

928 **J. MADVIG.** — L'Etat romain, sa constitution et son administration (trad. Ch. Morel), 5 vol., P., '82-89.

929 **L. MAISONNIER.** — De la *bonorum possessio contra tabulas*, Th. Bordeaux, '05.

930 **L.-G. MARGAT.** — De la preuve littérale des obligations, Th. Paris, '94.

931 **P. MARIA.** — Le *vindex* dans la *legis actio per manus injectionem* et dans l'*in jus vocatio*, Th. Paris, '95.

932 —— Observations sur la possession du défendeur à la *rei vindicatio*, Etudes Girard, '13, II, 223-263.

933 **L. MARTIN.** — Des origines de la loi Aquilia, Th. Lyon, '90.

934 **O. MARTIN.** — Le tribunal des cent mvirs, Th. Paris, '04.

935 —— Quelques observations sur *l'operis*

novi nuntiatio, Etudes Girard, '13, I, 123-171.

936 —— Nécrologie : Louis Boulard (1877-1914), R. H. D., '26, 174-190.

937 **F. MARTROYE.** — Procédure dans les actions en revendication d'objets volés, à propos de l'épitre 153 de saint Augustin, Bull. de la Soc. nat. des Antiqu. de France, '18, 108-118.

938 —— L'asile et la législation impériale du ive au vi^e siècle, Mém. de la Soc. nat. des Antiqu. de France, LXXV, '18, 159-246.

939 —— Le testament de Grégoire de Nazianze, Mém. de la Soc. Nat. des Antiqu. de France, LXXVI, '24, 219-263.

940 —— Les patronages d'agriculteurs et de vici au ive et au ve siècles, R. H. D., '28, 201-248.

941 **ED. MARX.** — Essai sur les pouvoirs des gouverneurs de province, P. '80.

942 **E. MASSIN.** — Du caractère pécuniaire des condamnations, Th. Paris, '93.

943 **H. MASSOL.** — De la règle *nemo pro parte testatus et pro parte intestatus decedere potest*, 2e éd., P. '82.

944 —— La cessibilité des créances en Droit romain et en Droit français, P., '84.

945 **G. MASSONIÉ.** — De la confusion dans les obligations, Th. Aix, '90.

946 —— Etude sur la confusion dans les obligations en Droit romain, R. G. D., XXI, '97, 240-249, 318-330, 414-423, 497-506 ; XXII, '98, 64-70, 240-245.

947 **P. MATTER.** — De la *manus mariti* et des sociétés de tous biens entre époux, Th. Paris, '90 .

948 **J. MAURICE.** — La terreur de la magie au ive siècle, R. H. D., '27, 108-120.

949 **S. MAXWELL.** — De la délégation, Th. Bordeaux, '95.

950 **G. MAY.** — Eléments de Droit romain à l'usage des facultés de droit, 2 vol., P. '89-90, réduit à un vol., 17e éd., P. '27.

951 —— La question de l'authenticité des XII Tables, R. E. A., IV, '02, 201-212.

952 —— Le *Flamen dialis* et la *Virgo vestalis*. Etude de droit religieux, R. E. A., VII, '05, 3-16.

953 —— Sur quelques exemples de gémination juridique dans les auteurs littéraires latins, Mél. Gérardin, '07, 399-413.

954 —— Observations sur les actions arbitraires, Mél. Girard, '12, II, 151-171.

955 **G. MAY** et **H. BECKER.** — Précis des institutions du Droit privé de Rome destiné à l'explication des auteurs latins, P. '92.

956 CH. MAYNZ. — Esquisse historique du droit criminel dans l'ancienne Rome, N. R. H., V, '81, 557-591 ; VI, '82, 1-34.

957 —— Cours de droit romain, 5ᵉ éd., 3 vol., Bruxelles, Paris, '91.

958 MAREZOLL. — Précis d'un cours sur l'ensemble du Droit privé des Romains (trad. Pellat), 2ᵉ éd., P., '52.

959 A. MERLIN. — Observations sur le texte du *senatus consultum Beguense*, C. R. Acad., Inscr., '06, 448-456.

960 —— L'armée romaine d'Egypte, J. S., '22, 19-26.

961 Ph. MEYLAN. — Origine et nature de l'action *praescriptis verbis*, Th. Lausanne, '19.

962 —— Origine de l'effet extinctif de la *lisis contesatio*, Mél. Cornil, '26, II, 81-110.

963 —— L'étymologie du mot parricide à travers la formule *paricidas esto* de la loi romaine, Lausanne, '28.

964 Ed. MEYNIAL. — Des interdits quasi possessoires en matière de servitude, Th. Paris, '86.

965 —— M. Labbé, N. R. H., XIX, '95, 780-796.

966 —— De l'application du Droit romain dans la région de Montpellier aux xiiᵉ et xiiiᵉ siècles, Atti del Congr. intern. di scienze stor., vol. IX, Roma, '04, 147-169.

967 —— Quelques réflexions sur l'histoire de la noblesse romaine, Studi Fadda, '05.

968 —— Note sur la loi *Emptorem C. loc. cond.*, IV, 66, loi 9, Mél. Gérardin, '07, 413-437.

969 B. MEYNIER de SALINELLES. — Du rôle des édiles en matière de moralité publique, Th. Paris, '92.

970 R. MESNIER. — De l'hypothèque de la chose d'autrui, Th. Paris, '89.

971 L. MICHALON. — Des lieux de dépôts d'objets précieux dans l'antiquité et de la location des coffres-forts à Rome, Th. Lyon, '10.

971 bis H. MICHEL. — Du Droit de Cité romaine. Etudes d'épigraphie juridique : 1ʳᵉ série. Des signes distinctifs de la qualité de citoyen romain, P., '85.

972 P. MICHEL. — De l'inaliénabilité primitive des terres à Rome, Th. Caen, '91.

973 L. MICHON. — Du louage d'ouvrage. (*Locatio conductio operis faciendi.*) Th. Paris, '90.

974 Lucien MICHON. — De la *condictio certi generalis* (interprétation de la loi 9, de reb. cred.), Th. Nancy, '91.

975 —— L'histoire de la *condictio incerti* d'après M. J. von Koschembahr-Lyskowski, N. R. H., XXXII, '08, 369-408.

976 —— Une interprétation de Fr. Vat., § 283, N. R. H., XXXV, '11, 536-554.

977 —— La succession *ab intestat* dans le plus ancien Droit romain, N. R. H., XLV, '21, 119-164.

978 —— Autour des origines légales de l'agnation externe, Mél. Cornil, '26, II, 111-137.

979 MIGNERET. — Essai sur l'administration municipale des Romains, Mém. de l'Acad. de Dijon, '43-44, 261-332.

980 B. MILHAUD. — Des actes apparents et simulés, Th. Montpellier, '89.

981 L. MILHAUD. — De l'application de la loi pérégrine à Rome, Th. Paris, '92.

982 J.-B. MISPOULET. — Les institutions politiques des Romains. — I. La Constitution. — II. L'Administration, 2 vol., P. '82.

983 —— Du nom et de la condition de l'enfant naturel romain, N. R. H., IX, '85, 15-63.

984 —— La plaque de bronze retrouvée à Narbonne, N. R. H., XII, '88, 353-359.

985 —— Manuel des textes de droit romain, P. '90.

986 —— Les sources des Institutes de Justinien, N. R. H., XIV, '90, 5-29.

987 —— L'inscription d'Aïn-Ouassel, N. R. H., XVI, '92, 117-124.

988 —— La question d'Egypte au Sénat romain en 698, R. G. D., XXIII,' 99, 97-111.

989 —— Un nouveau document sur les *saltus* impériaux d'Afrique, N. R. H., XXX, '06, 812-815.

990 —— L'inscription d'Aïn el Djemala, N. R. H., XXXI, '07, 5-48.

991 —— Le régime des mines à l'époque romaine et au moyen âge, d'après les tables d'Aljustrel, N. R. H., XXXI, '07, 345-391, 491-537.

992 —— La *lex metallis dicta* récemment découverte en Portugal, R. G. D., XXXI, '07, 20-32.

993 —— Le diptyque en bois de Philadelphie, C. R., Acad. Inscr., '10, 795-807 ; [plus complet], N. R. H., XXXV, '11, 5-34.

994 —— Le colonat romain, J. S., 11, 203-211.

995 J. MOLITOR. — Cours de Droit romain approfondi avec l'indication des rapports entre la législation romaine et le Droit français, Nouvelle édition, 3 vol., Gand-Paris, '16-68.

996 TH. MOMMSEN et J. MARQUARDT. — Manuel des antiquités romaines, traduit sous la direction de G. Humbert, t. I-VII, Le Droit public romain, par Mommsen, trad. par P.-F. Girard 7 tomes en 8 vol.

P., '87-'94 ; t. VIII-IX, Organisation de l'empire romain par J. Marquardt, trad. par A. Weiss et P.-Louis Lucas. P., '89-92 ; t. X, De l'organisation financière chez les Romains par J. Marquardt, trad. par A. Vigié, P., '88 ; t. XI, De l'organisation militaire chez les Romains par Marquardt, trad. par Brissaud, P., '91 ; t. XII-XIII, Le culte chez les Romains, par J. Marquardt, trad. par Brissaud, 2 vol. P., '89-'90 ; t. XIV-XV, La vie privée des Romains, par J. Marquardt, trad. par V. Henry, 2 vol., P., '92-'93 ; t. XVI Histoire des Sources du Droit romain par P. Krueger, trad. par Brissaud, P., '94 ; t. XVII, Le Droit pénal romain, par Th. Mommsen, trad. par J. Duquesne, 3 vol., P., '07.

997 **R. MONIER.** — Le *tignum junctum*, Th. Paris, '22.

998 —— Le caractère de bonne foi du contrat de vente et l'obligation de manciper, Mél. Cornil, '26, II, 137-151.

999 **H. MONNIER.** — Ed. Cuq : Le Colonat partiaire dans l'Afrique romaine d'après l'inscription d'Henchir Mettich, N. R. H., XXII, '98, 391-402.

1000 —— Etudes de droit byzantin, I. L'EΠIBOΛH N. R. H., XVI, '92, 125-164, 330-352, 497-542, 637-672 ; XVIII, '94, 433-486, ; XIX, '95, 59-103.

1001 —— Charles-Edouard Zacharie von Lingenthal, N. R. H., XIX, '95, 665-692.

1002 —— Etudes de droit byzantin : Méditation sur la constitution HKATEPΩI e le *jus poenitendi*, N. R. H., XXIV, '00, 37-107, 169-211, 285-337.

1003 —— Du *casus non existentium liberorum* dans les Novelles de Justinien, Mél. Gérardin, '07, 437-467.

1004 —— La Novelle XX de Léon-le-Sage, Mél. Fitting, '07, II, 121-161.

1005 —— La Novelle L de Léon le Sage et l'insinuation des donations, Mél. Girard, '12, II, 237-291.

1006 —— Les Novelles de Léon le Sage, Bordeaux, '23.

1007 **H. MONNIER et G. PLATON.** — La *meditatio de nudis pactis*, N. R. H., XXXVII, '13, 135-168, 311-336, 474-510, 624-653 ; XXXVIII, '14, 285-342, 709-759.

1008 **H. de MONTRÉAL.** — Du régime des sources et des petites rivières, Th. Caen, '94.

1009 **C.-G. MOR.** — Le Droit romain dans les collections canoniques des Xe et XIe siècles, R. H. D., '27, 512-525.

1010 **Ch. MOREL.** — **D. A. G. R.** *Nomen.*

1011 **E. MOREL.** — La théorie du *dies cedens* en matière de legs, Th. Paris, '90.

1012 **F. MOREL.** — De la protection légale

des enfants du premier lit dans l'histoire du Droit romain et du Droit français, Th. Paris, '00.

1013 **J. MOREL.** — **D. A. G. R.** *Candidatus Caesaris, — principis.*

1014 **M. MOREL.** — Le *sepulcrum*. (Annales Univ., Grenoble, Lettres-Droit, V, n°1, 5-180), Grenoble, '28.

1015 **P. MORIAUD.** — De la simple famille paternelle en droit romain, Genève, '10.

1016 —— Du consentement du père au mariage en droit classique, Mél. Girard, '12, II, 291-309.

1017 —— Sur le crime de violence en Droit romain, à propos d'un livre récent, Schweiz. Z. f. Strafr. XXXI. '18, 141-153.

1018 **J.-A.-B. MORTREUIL.** — Histoire du Droit byzantin ou du Droit romain dans l'Empire d'Orient depuis la mort de Justinien jusqu'à la prise de Constantinople en 1453, 3 vol., P. '47.

1019 **J. MUIRHEAD.** — Introduction historique au Droit privé de Rome. Traduit et annoté par G. Bourcart, P. '89.

1020 **P. NAMUR.** — Cours d'Institutes et d'histoire du Droit romain. 4e éd., 2 vol., Bruxelles-Paris, '88.

1021 **E. NAQUET.** — Caractères des actions mixtes en Droit romain et dans l'ancien Droit français, R. L. A. III, '73, 473-506.

1022 **NAUDET.** — De l'état des personnes et des peuples sous les empereurs romains, J. S., '77, 290-301, 337-351.

1023 **E. NAVEREAU.** — Des cours d'eau dans leurs rapports avec la propriété riveraine, Th. Paris, '91.

1024 **P. NÈGRE.** — Des conditions d'existence et de validité de la novation en droit romain, Th. Aix, '25.

1025 **J. NICOLE.** — Le livre du Préfet (Edit de Léon VI le Sage), R. G. D., XVII, '93, 74-80 ; 132-135.

1026 **P. NOAILLES.** — Les collections de Novelles de l'empereur Justinien. Origine et formation sous Justinien, Th. Bordeaux, '12.

1027 —— Les collections de Novelles de l'empereur Justinien. La collection grecque des 168 novelles, Th. Bordeaux, '14.

1028 —— L'inaliénabilité dotale et la novelle 61, Ann. Univ. Grenoble, XXX, '18, 451-509 ; XXXI, '19, 161-218.

1029 —— Nécrologie : Henri Monnier, N. R. H., XLIV, '20, 603-611.

1030 —— Tipucitus, Mél. Cornil, '26, II, 175-197.

1031 **A. OBRIST.** — Essai sur les origines du testament romain, Th., Lausanne, '06.

1032 **P. OLAGNIER.** — Les incapacités des

acteurs en Droit romain et en Droit canonique. Th. Paris, '99.

1033 G. OLPHE-GALLIARD. — De l'influence de l'éducation et de l'instruction sur la législation romaine. Th. Paris, '96.

1034 H. OMONT. — Le plus ancien manuscrit de la Notitia dignitatum, P. '91.

1035 E. ORTOLAN. — Explication historique des Institutes de l'Empereur Justinien... précédée de l'histoire de la législation romaine et suivie d'une généralisation du Droit romain, 3 vol., 12ᵉ éd., revue par E. Labbé, P., '83.

1036 OUMÉ KENDJIRO. — De la transaction, Th. Lyon, '89.

1037 F.-G. DE PACHTÈRE. — La table hypothécaire de Veleia. Etude sur la propriété dans l'Apennin de Plaisance, P. '20.

1038 C. PAJOT. — Essai sur la nature juridique de la *procuratio in rem suam*, Th. Paris, '91.

1039 A.-Cl. PALLU DE LESSERT. — Le consulat du jurisconsulte Salvius Julianus et le système des prénoms multiples, Recueil de Mémoires publié par la Soc. Nat. des Antiqu. de France. Centenaire, P. '04, 368-375.

1040 J. PARIS. — La responsabilité de la *custodia* en Droit romain, Th. Nancy, '26.

1041 J.-M. PARDESSUS. — Sur les différents rapports sous lesquels l'âge était considéré dans la législation romaine, Mém. de l'Acad. des Inscr. et B.-Lettres, XIII, '38, 266-344.

1042 —— De la formule *cum stipulatione subnixa*, Bibl. Ec. des Chartes, II, '40-41, 425-436.

1043 J. PARTSCH. — Formules de procédure civile romaine, rassemblées et traduites pour les besoins de l'enseignement universitaire. Genève, '09.

1043 bis —— De l'édit sur l'*alienatio judicii mutandi causa facta*, Genève, '09.

1044 G. PATURINI [= **G. PLATON**]. — Pactes et contrats, R. G. D., XXXVII, '13, 507-519 ; XXXVIII, '14, 27-42, 304-319, 412-434 ; XXXIX, '15, 5-22, 214-225, 288-305, 479-495 ; XL, '16, 27-34, 100-112, 210-221, 342-350.

1045 C. PELLAT. — Traduction du livre VIII des Pandectes accompagnée d'un commentaire précédé d'un exposé des principes généraux du droit de propriété et de ses principaux démembrements, particulièrement de l'usufruit. P., '37.

1046 —— Traduction du L. XX et du titre VII du livre XIII des Pandectes, avec le texte en regard, suivie d'un traité du droit de gage et d'hypothèque chez les Romains, traduit de l'allemand (de Schelling). P., '40.

1047 —— Institutes de Gaius traduites et commentées, I, P., '44.

1048 —— Textes de Droit romain sur la dot, traduits et commentés, 2ᵉ éd., P., '53.

1049 —— Exposé des principes généraux du Droit romain sur la propriété et ses principaux démembrements, et particulièrement sur l'usufruit. 2ᵉ édit. P., '54.

1050 —— Lettre à M. le Directeur de la Revue (sur l'article de Machelard, consacré à la Règle Catonienne), R. H. D., IX, '63, 224-230.

1051 —— Textes choisis des Pandectes traduits et commentés, 2ᵉ éd. P., '66.

1052 F. PELTIER. — De la caution *praedibus praediisque*, Th. Paris, '93.

1053 L. PERNARD. — Le Droit romain et le Droit grec dans le théâtre de Plaute et de Térence, Th. Lyon, 1900.

1054 C. PERREAU. — Etude sur la règle : *A persona heredis incipere non potest obligatio*, Th. Dijon, '89.

1055 A. PERRET. — Le *jus altius tollendi*, Th. Paris, '24.

1056 E. PERROT. — L'appel dans la procédure de l'*Ordo judiciorum*, Th. Paris, '07.

1057 —— L'exercice de l'interdit *quod legatorum* par l'héritier civil, Etudes Girard, '13, I, 171-211.

1058 —— Discours [sur] Les origines de Rome et le Droit romain, A. U. P., II, '27, 136-143.

1059 —— Précis élémentaire de Droit romain, P., '27, in-16.

1060 E. PETIT. — Traité élémentaire de Droit romain, 8ᵉ éd., P., '20.

1061 —— Nouvel essai d'interprétation du §. 283 des Fragments du Vatican, Mél. Cornil, '26, II, 209-220.

1062 E. PETIT. — De la *cautio judicatum solvi* dans les actions *in rem*, Th. Paris, '91.

1063 P. PETOT. — Le défaut *in judicio* dans la procédure ordinaire romaine, Th. Paris, '12.

1064 —— *Fructus duplio*, Etudes Girard, '13, I, 211-241.

1065 G. PÉTRAU-GAY. — Evolution historique des *exceptiones* et des *praescriptiones*, Th. Lyon, '16.

1066 L. PÉZERIL. — Des eaux du domaine public à Rome, Th. Paris, '89.

1067 A. PHILIPPIN. — Le fils de famille tuteur, Mél. Cornil, '26, II, 221-235.

1068 P. PIC. — Théorie des actions *in factum*, Th. Lyon, '85.

1068 bis R. PICCARD. — Recherches sur l'histoire de la spécification, Th. Lausanne, '26.

1069 C. PICCIONI. — Les concessions du connubium, Th. Paris, '91.

1070 Ed. PIEBOURG. — Comparaison entre la *novatio obligationis* et la *translatio legati*, N. R. H., IV, '80, 191-216.

1071 **P. PIÉDELIÈVRE.** — Successions *ab intestat* d'après les Novelle de Justinien, Th. Paris, '88.

1072 **R. PIÉDELIÈVRE.** — Interdit Salvien, Th. Paris, '84.

1073 **A. PIERRON.** — Du sens des mots *familia pecuniaque* dans l'ancien Droit romain et plus spécialement dans les textes de la loi des XII Tables, R. G. D., XIX, '95, 335-400.

1074 **A. PIGANIOL.** — L'impôt foncier des Clarissimes et des Curiales au Bas Empire romain, Mél. Ec. franç., Rome, XXVII, '07, 125-136.

1075 —— Observations sur une loi de l'empereur Claude, Mél. Cagnat, '12, 153-168.

1076 —— Essai sur les origines de Rome, Th. lettres, P., '17.

1077 —— Les attributions militaires et les attributions religieuses du Tribunat de la plèbe, J. S., '20, 237-248.

1078 **D. PILLETTE.** — De la compensation, R. H. D., VII, '61, 5-23, 132-159.

1079 —— Lettre à M. de Rozière sur le concubinat chez les Romains, R. H. D., XI, '65, 209-247, 321-353, 433-464.

1080 —— Lettre à M. Ed. Laboulaye sur la théorie des contrats innommés de M. Accarias, R. H. D., XII, '67, 269-320.

1081 **S. PINÉLÈS.** - Questions de droit romain étudiées d'après la nouvelle méthode historique du droit comparé, avec une préface et la collaboration de Herzen (N.), P., '11.

1082 **H. PISSARD.** — Les questions préjudicielles en Droit romain, Th. Paris, '07.

1083 —— Des moyens dirigés contre le défendeur à la revendication qui se défait de la chose litigieuse avant la *litis contestatio*, N. R. H., XXXIV, '10, 377-396.

1084 —— *Duci vel ferri jubere.* La *ductio jussu praetoris*, dans les actions réelles et les actions noxales, Etudes Girard, '13, I, 241-259.

1085 **J. PLASSARD.** — Le concubinat romain, Th. Toulouse, '21.

1086 **G. PLATON.** — La démocratie et le régime fiscal à Athènes, à Rome, et de nos jours, P., '99.

1087 —— Observations sur le droit de ΠΡΟΤΙΜΗΣΙΣ en Droit byzantin, R. G. D., XXVII, '03, 432-445, 511-528 ; XXVIII, '04, 5-25, 143-151, 300-316, 423-435, 539-547 ; XXIX, '05, 33-46, 153-166, 247-262, 424-435, 503-512.

1088 —— Le Droit public égyptien sous la domination grecque et sous la domination romaine, R. G. D., XXX, '06, 157-166, 261-271, 441-450, 525-538.

1089 —— Les banquiers dans la législation de Justinien, N. R. H., XXXIII, '09, 5-25, 137-181, 289-338, 434-480 ; XXXV, '11, 158-188.

—— Voir aussi G. Paturini, nᵒ 1044 ; H. Monnier et G. Platon, nᵒ 1007.

1090 **A. POILANE.** — De l'*usucapio pro herede*, Th. Paris, '93.

1091 **L. POINSSOT.** — La concession du « jus legatorum capiendorum » au « pagus Thuggensis », C. R. Acad. Inscr., 11, 496-503.

1092 **Ch. POISNEL.** — Recherches sur les sociétés universelles chez les Romains, N. R. H., III, '79, 431-462, 531-569.

1093 **J. POIRET.** — Essai sur l'éloquence judiciaire à Rome pendant la République, Th. lettres Paris, '86.

1094 **N.-E. POLITIS.** — Les triumvirs capitaux, Th. Paris, '94.

1095 **E. POPESCO.** — La fonction pénitentielle des arrhes dans la vente sous Justinien, Th. Paris, '25.

1096 **R. POPESCO-RAMNICEANO.** — De la représentation dans les actes juridiques en droit comparé, Th. Paris, '27, [p. 25-177].

1097 **R. POPLAWSKI.** — La notion de privilège en Droit romain et en Droit civil français, Th. Bordeaux, 13.

1097 bis **J. J. PORCHAT.** — Essai sur les changements opérés par Théodose le Jeune dans la jurisprudence romaine, Diss. acad. Lausanne, 1823.

1098 **E. POTTIER.** — D. A. G. R. *Consecratio, Dedicatio, Viduvium.*

1099 **P. DE PRAT.** — Essai sur la justice dans les armées romaines, Th. Paris, '92.

1100 **M. QUENTIN.** — Du crime de concussion sous la République romaine, Th. Paris, '93.

1101 **R.** — D. A. G. R. *Appellatio, Assertor.*

1102 **E. RABEL.** — Origine de la règle : *impossibilium nulla obligatio*, Mél. Gérardin, '07, 473-513.

1103 **M. RADIN.** — La disparition de la loi Cincia, R. H. D., '28, 249-252.

1104 **P. RAMADIER.** — Etude sur la règle *Privilegia ne inroganto*, N. R. H., XXXIV, '10, 599-609.

1105 —— Les effets de la *missio in bona rei servandae causa*, Th. Paris, '11.

1106 —— La représentation judiciaire des cités d'après l'édit du préteur, Etudes Girard, '13, I, 259-273.

1107 **P. RAMBAUD.** — De la formation des contrats en Droit romain, R. G. D., XIII, '89, 424-434.

1108 **A. RAOULT.** — De l'origine de la division des biens en *res mancipi* et en *res nec mancipi*, Th. Paris, '93.

1109 **P. RAVIER DU MAGNY.** — Les origines de la vente et du louage, Th. Grenoble, '94.

1110 **P. REBOUD.** — Essai sur l'origine des legs, Th. Grenoble, '94.

1111 **H. DE RÉCY.** — De l'expropriation pour cause d'utilité publique en Droit romain, R. L. A., I, '70-'71, 355-371.

1112 **H. REGNAULT.** — Une province procuratorienne au début de l'Empire romain. Le procès de Jésus-Christ, Th. Paris, '09.

1113 **Em. REICH.** — Les institutions gréco-romaines au point de vue anti-évolutionniste, R G. D., XV, '91, 147-167, 337-353, 431-446 ; XVI, '92, 430-447.

1114 **Th. REINACH.** — La représentation en matière de successions féminines dans les Droits égyptien, grec et romain (à propos d'un papyrus du Musée de Berlin). N. R. H., XVII, '93, 5-20.

1115 —— Un code fiscal de l'Egypte romaine : le Gnomon de l'Idiologue, N. R. H., XLIII, '19, 583-636 ; XLIV, '20, 5-134.

1116 —— D. A. G. R. *Judaei.*

1117 **G. RENARD.** — Contribution à l'histoire de l'autorité législative du Sénat romain. Le Sénatusconsulte sur le quasi-usufruit, Th. Nancy, '98.

1118 —— Les origines de l'*actio tutelae*, N. R. H., XXV, '01, 634-641.

1119 **J. REVERDY.** — Du *pignus ex causa judicati captum*, Th. Poitiers, '94.

1120 **H. REVERDY.** — Les donations dans la législation de Justinien et dans les pays de droit écrit, Th. Paris, '97.

1121 **Ch. REVILLOUT.** — Etude critique sur le *jus italicum*, R. H. D., I, '55, 241-371.

1122 —— Etude sur l'histoire du colonat chez les Romains, R. H. D., II, '56, 417-460 ; III, '57, 209-246, 343-368.

1123 —— Les familles politiques d'Athènes et les *Gentes* de Rome, R. H. D., VIII, '62, 385-399.

1124 **E. REVILLOUT.** — Les origines égyptiennes du Droit civil romain, P., 12.

1125 **M. REVON.** — De l'existence du droit international sous la République romaine, R. G. D., XV, '91, 394-405, 504-510.

1126 —— Le droit de la guerre sous la République romaine, Th. Grenoble, '91.

1127 **F. RIEMAIN.** — Des exceptions opposables aux créanciers par le fidéjusseur, Th. Lille, '91.

1128 **P. RIVES.** — Etude sur les innovations introduites dans la législation romaine par Antonin le Pieux, P., '85.

1129 **A. RIVET.** — Le régime des biens de l'Eglise avant Justinien, spécialement sous les empereurs chrétiens, Th. Lyon, '91.

1130 **A. RIVIER.** — H.-E. Dirksen, A. de Daniels, F.-J. Kuehns (Nécrologie), R. H. D., XV, '69, 255-260.

1131 —— Ad.-Fred. Rudorff, professeur à Berlin, mort le 14 février 1873 (Nécrologie), R. L. A., III, '73, 199-205.

1132 —— Traité élémentaire des successions à cause de mort en Droit romain, Bruxelles-Paris, '78.

1133 —— Introduction historique au Droit romain. Bruxelles, '81.

1134 —— Précis du droit de famille romain, P., '91.

1135 —— Note sur la découverte de tables romaines à Ossuna. Bulletin de l'Ac. Roy. de Belgique, Classe des Lettres, T. 37, 2ᵉ série, 14 et s.
—— Voir aussi J. Willems, n' 1301.

1136 **G. DE ROBILLARD DE BEAUREPAIRE.** — Du culte des ancêtres chez les Romains dans ses rapports avec le Droit privé, Th. Caen, '90.

1137 **J. ROGUIN.** — De la personnalité des municipes, Th. Paris, '91.

1138 **J. ROMAN.** — (A propos de :) M. Burckhard : Zur fragmenta Vaticana 269. Ein Beitrag zur Lehre von der Schenkung und Dos, N. R. H., XXV, '01, 627-633.

1139 **F. ROMANET DU CAILLAUD.** — De la date de la loi Junia Norbana, C. R. Acad. Inscr., '82, 198-210.

1140 **R. ROUGIER.** — De la procédure suivie contre les absents, Th. Lyon, '93.

1141 **A. ROUSSEAU.** — De la curatelle du prodigue et du fou envisagée au point de vue historique, Th. Paris, '92.

1142 **J.-A. ROUX.** — Etude historique de la loi de la correspondance des formes, Th. Paris, '92.

1143 **E. DE ROZIÈRE.** — Bibliographie des écrits de M. Ch. Giraud, N. R. H., VII, '83, 249-272.

1144 —— Bibliographie des œuvres de M. Ed. Laboulaye, N. R. H., XII, '88, 771-821.

1145 **E. SAGLIO.** — D. A. G. R. *Accensi, Adjutor, Amanuensis, Cancelli, Candidatus, Circitor, Codicilli.*

1146 **A. SAILLARD.** — Du legs d'usufruit, Th. Paris, '91.

1147 **R. SALEILLES.** — Le domaine public à Rome et son application en matière artistique, N. R. H., XII, '88, 497-575 ; XIII, '89, 457-514.

1148 —— La *controversia possessionis* et la *vis ex conventu.* A propos de l'interdit *uti possidetis*, N. R. H., XVI, '92, 245-313.

1149 —— Le Droit romain et la démocratie, Studi Scialoja, '05, II, 711-730.

1150 —— Les « Piae causae » dans le droit de Justinien, Mél. Gérardin, '07, 513-551.

1151 —— Le principe de la continuation de la personne du défunt par l'héritier en Droit romain, Festschrift für O. Gierke, '17, 1015-1034.

1152 **G. DE SANCTIS.** — La légende historique des premiers siècles de Rome, J. S., '09, 126-132, 205-214 ; '10, 310-319.

1153 **A. SARRAZIN.** — Etude sur les fondations dans l'antiquité en particul'er à Rome et à Byzance, Th. Paris, '09.

1154 **F. SAUVAIRE-JOURDAN.** — Des *quaestiones perpetuae* (Etude sur le droit criminel romain), Th. Grenoble, '94.

1155 —— Les *quaestiones perpetuae*, Ann. Univ. Grenoble, VII, '95, 143-197.

1156 **F.-C. DE SAVIGNY.** — Histoire du Droit romain au Moyen Age, traduite de l'allemand et précédée d'une notice sur la vie et les écrits de l'auteur par M. Ch. Guenoux. 4 tomes en 3 vol. P., '39.

1157 —— Traité de Droit romain traduit de l'allemand par Ch. Guenoux, 8 tomes en 7 vol. P., 55-50.

1158 —— Traité de la possession en droit romain traduit de l'allemand par H. Staedler sur la 7e éd. originale... et augmentée d'un appendice sur l'état actuel de la doctrine, par Rudorff. P., '70.

1159 —— Le droit des obligations, traduit par G. Gérardin et P. Jozon. 2e éd. P., '73.

1160 —— Le droit des obligations, partie du Droit romain actuel, traduction E. Hippert, 2 vol., P., '73.

1161 **SCHILLING.** — Traité du droit de gage et de l'hypothèque chez les Romains (trad. Pellat), P., '40.

1162 **A. DE SENARCLENS.** — L'*in diem addictio*, Recueil publié par la Faculté de Droit de Lausanne, '96, 243-296.

1163 —— La date de l'édit des édiles *de mancipiis vendundis*, T. R. G., '22-23, 384-400

1164 —— L'extension de l'édit des Ediles aux ventes de toute espèce de choses, R. H. D., '27, 385-418.

1165 **F. SENN.** — *Leges perfectae minus quam perfectae et imperfectae*, Th. Paris, '02.

1166 —— Le *nexum*, contrat de prêt du très ancien Droit romain, N. R. H., XXIX, '05, 49-95

1167 —— L'*in diem addictio*, N. R. H., XXXVII, '13, 275-310.

1168 —— La dation des arrhes. Histoire d'une sûreté réelle, N. R. H., XXXVII, '13, 575-623.

1169 —— La forme originelle de la *donatio mortis causa*, N. R. H., XXXVII, '13, 169-192.

1170 —— La forme la plus récente de la *donatio mortis causa*, N. R. H., XXXVII, '13, 193-201.

1171 —— La question du transfert de la propriété sous un terme extinctif ou une condition résolutoire et la constitution de Dioclétien de l'an 286 (Fragm. Vat., 283, Cod. Just., 8. 54 (55), *de donat. quae sub mod.*, 2), Etudes Girard, '13, I, 283-301

1172 —— Etudes sur le droit des obligations, t. Iᵉʳ. Etude d'un acte juridique causal : la donation à cause de mort, la donation *mortis causa*. P., '14.

1173 —— Les origines de la notion de jurisprudence. P., '26.

1174 —— De la justice et du droit. P., '27.

1175 **H. SERRE.** — De l'accession, Th. Paris, '90.

1176 **D. SERRIGNY.** — Droit public et administratif romain, ou institutions politiques, administratives, économiques et sociales de l'Empire romain du ivᵉ au viᵉ s. (de Constantin à Justinien), 2 vol. P., '62.

1177 —— Du régime militaire sous l'empire romain du ivᵉ au viᵉ siècle, R. H. D., VIII, '62, 289-312.

1178 **G. SÉRULLAZ.** — Essai sur la religion romaine et sur les rapports de l'Etat romain avec quelques religions étrangères, Th Lyon, '90.

1179 **E. SERVAIS.** — Etudes sur les institutions romaines. Le tribunat du peuple depuis sa création jusqu'au temps des Gracches, R. G. D., IX, '85, 5-27, 124-151.

1180 —— Etudes sur les institutions romaines. La dictature, R. G. D., X, '86, 44-53, 116-145.

1181 **SEYMOUR DE RICCI.** — Deux nouveaux papyrus juridiques, Etudes Girard, '13, I, 273-283.

1182 **A. SIMAIKA.** — La province romaine d'Egypte, depuis la conquête jusqu'à Dioclétien, Th. Montpellier, '92.

1183 **V. SINAISKI.** — La cité quiritaire ; de l'origine de l'histoire agraire, de l'histoire du droit de la Rome ancienne et de ses institutions religieuses et guerrières. Riga, '23.

1184 —— La cité populaire, considérée au point de vue de la cité quiritaire, de l'origine de l'histoire agraire, de l'histoire du droit de la Rome ancienne et de ses institutions religieuses et guerrières. Riga, '24.

1185 —— Chronologie et historiographie de Rome dans leurs rapports mutuels. De l'origine des sources historiques et juridiques des cités quiritaire et populaire. Riga, '25.

1186 —— Les XII Tables au point de vue de la chronologie de Rome et de son calendrier, Riga, '26.

1187 —— Rome et son droit théocratique et laïque considérés au point de vue de la mythologie, de l'historiographie et de l'histoire, Riga, '28.

1188 **J. STAMBOULESCO.** — Caractères, mécanisme et effet de l'action *institoria*, Th. Paris, '88.

1189 **C. STOICESCO.** — Contribution à

l'étude de la formule arbitraire. Berlin, (Paris, '05.

1190 **G. SURUGUE.** — Les *collegia tenuiorum*, Th. Paris, '94.

1191 **J. TAMBOUR.** — Des voies d'exécution sur les biens, 2 vol. P., '56.

1192 **A. TARBOURIECH.** — Des habitations à Rome et des droits dont elles sont susceptibles, Th. Toulouse, '93.

1193 **E. TARBOURIECH.** — Responsabilité contractuelle et délictuelle, Th. Paris, '89.

1194 **Ad. TARDIF.** — Etude historique sur la capacité civile des établissements ecclésiastiques et religieux, R. L. A., II, '72, 492-523.

1195 **J. TARDIF.** — Les nouvelles tablettes de cire de Pompéi, N. R. H., XII, '88, 472-478, 832-835.

1196 —— Une nouvelle inscription relative au jurisconsulte L. Javolenus Priscus, N. R. H., XVIII, '94, 556-557.

1197 **M. TARDY.** — Les tabellions romains depuis leur origine jusqu'au xᵉ siècle, Th. Bordeaux, '01.

1198 **R. TASSIN.** — Essai sur la compensation des fautes en Droit romain, suivi d'un aperçu de législation comparée, Th. Dijon, '12.

1199 **R. TAUBENSCHLAG.** — Le droit local dans les constitutions prédioclétiennes, Mél. Cornil, '26, II, 497-513.

1200 **H. TERQUEM.** — De la responsabilité des propriétaires de navires à raison des faits et actes du capitaine, Th. Paris, '94.

1201 **A. TERRASSON.** — Histoire de la Jurisprudence romaine. P., 1750, in-fol. — Toulouse, 1824, in-4. — Abrégé par J. Fuzier, Béziers, 1824.

1202 **E. THALLER.** — A propos du contrat estimatoire, Mél. Appleton, '03, 637-655.

1203 **H. THÉDENAT.** — D. A. G. R. *Cognitio*, *Cognitionibus* (a), *Commentariensis*, *Commentariis* (a), *Commentarium*, *Cura*, *Cura aquarum*, *Curator*, *Diploma*, *Forum*, *Libellis* (a), *Libellus*.

1204 **J. THÉLOHAN.** — De la condition dans la vente, Th. Rennes, '90.

1205 —— De la *stipulatio operarum*, Etudes Girard, '13, I, 355-370.

1206 **L. THEUREAU.** — Notice historique sur le prêt à intérêt, N. R. H., XVII, '93, 708-730.

1207 **THÉVENOT-DESSAULES.** — Dictionnaire du Digeste ou Substance des Pandectes justiniennes, 2 vol. in-4, P. 1809.

1208 **L. THÉZARD.** — Observations sur l'admission dans les curies municipales, N. R. H., III, '79, 509-516.

1209 **J.-A. THIBAULT.** — De la restitution

anticipée de la dot *propter inopiam mariti*, Th. Paris, '91.

1210 **F. THIBAULT.** — La *lucrativa descriptio*, impôt sur les successions dans l'ordre des Décurions, N. R. H., XVII, '93, 172-191.

1211 —— Les impôts directs sous le Bas-Empire romain, R. G. D., XXIII, '99, 289-321, 481-518 ; XXIV, '00, 32-53, 112-131.

1211 *bis* **P. THOMAS** (Gand). — Deux citations du jurisconsulte Paul, Rev. de l'Instr. publ. en Belgique, XXI, '78, 30-31.

1212 **P. THOMAS.** — Evolution de la théorie de la chose jugée à Rome, ou de la coexistence des deux *exceptiones rei in judicium deductae* et *rei judicatae*, Th. Toulouse, '98.

1213 —— Essai sur quelques théories économiques dans le *Corpus iuris civilis* (De la richesse ; De la valeur ; De la circulation des biens ; Du crédit). Th. Toulouse, '99.

1214 —— Observations sur les actions *in bonum et aequum conceptae*, N. R. H., XXV, '01, 541-584.

1215 —— La *condemnatio in simplum* dans les actions *quae crescunt in duplum adversus infitiantem*, N. R. H., XXVII, '03, 579-596.

1216 —— Le rôle et le choix de l'*exsecutor negotii* dans la procédure extraordinaire, à l'époque de Justinien (Etude sur le papyrus byzantin du Musée du Caire, nᵒ 67.032), Etudes Girard, '13, 371-417.

1217 **A. THORENS.** — La novation conditionnelle. Etude de jurisprudence romaine classique, Th. Lausanne, '27.

1218 **P. THUBEUF.** — Des *suscriptiones* et de la signature, Th. Paris, '94.

1219 **P. TIMBAL.** — Des donations rémuratoires en Droit romain et en Droit français, Th. Toulouse, '25.

1120 **P. TISSET.** Contribution à l'histoire de la présomption de paternité. Etude de Droit hébraïque et de Droit romain, Th. Montpellier, '21.

1221 **Th. TISSIER.** — Des libéralités en faveur des personnes morales, Th. Paris, '90.

1222 —— Etude sur les dons et legs aux établissements publics ou d'utilité publique dans le Droit ancien, N. R. H., XV, '91, 529-531.

1223 **P. TISSOT.** — Les 12 livres du Code de l'Empereur Justinien... traduits par —— 4 vol. in-4, Metz, 1807-1810.

1224 **P. TISSOT et A. DAUBENTON.** — Le Trésor de l'Ancienne Jurisprudence romaine ou Collection des fragments qui nous restent du Droit romain antérieur à Justinien, in-4, Metz, 1811.

1225 **F. TOURNIER.** — Histoire du titre putatif en matière d'usucapion, Th. Paris, '93.

1226 **P. DE TOURTOULON.** — Examen de quelques textes de Droit romain et de Droit hébraïque sur le pillage, le butin et l'attribution du butin fait par l'ennemi et qui lui est repris (butin récupéré), T. R. G., '24, 208-217.

1227 J. TOUTAIN. — Les cités romaines de la Tunisie. Essai sur l'histoire de la colonisation romaine dans l'Afrique du Nord, P., '96.

1228 —— L'inscription d'Henchir Mettich. — Un nouveau document sur la propriété agricole dans l'Afrique romaine, N. R. H., XXI, '97, 373-415.

1229 —— Fragments de la *Lex municipii Tarentini*, N. R. H., XXI, '97, 113-116.

1230 —— Nouvelles observations sur l'inscriptio d'Henchir Mettich, N. R. H., XXIII, '99, 137-169, 284-312, 401-414.

1231 —— **D. A. G. R.** *Imperium, Municipium, Sacra, Territorium, Votum.*

1232 C. TRAPENARD. — *L'ager scripturarius.* Contribution à l'histoire de la propriété collective, Th. Paris, '08.

1233 M. TRAVERS. — Les corporations d'avocats sous l'empire romain envisagées au point de vue de l'administration judiciaire, Th. Paris, '94.

1234 G. TRÉMEREL. — De la condition légale des militaires au point de vue du mariage, Th. Paris, '94.

1234 bis G. TRIANDAFIL. — Du rôle du curator et du magister dans la venditio bonorum, Rev. de Droit et de Sociologie, t. I, Bucarest, '16.

1235 A. TROISFONTAINES. — Introduction à l'histoire du Droit public romain, Liége, '86.

1236 R. TROPLONG. — De l'influence du christianisme sur le droit civil des Romains, 3ᵉ éd., P., '68 ; Nouvelle édition par l'abbé Bayle, Tours, '03.

1237 A. TYPALDO-BASSIA. — Condition juridique et économique de l'ouvrier romain, Th. Aix, '92.

1238 A. VACHIER. — Le *damnum infectum* rapproché des principes de la loi Aquilia et des actions noxales, Th. Paris, '89.

1239 S. VAINBERG. — La faillite d'après le Droit romain. P., '74.

1240 J. VALÉRY. — Histoire du pacte de constitut, Th. Montpellier, '89.

1241 —— Conjectures sur l'origine et les transformations du pacte de constitut. R. G. D., XV, '91, 528-531 ; XVI, '92, 193-205 ; XVII, '93, 52-60, 97-104.

1242 H. VALLÉE. — Etude historique sur le droit criminel de Rome à l'époque royale (753-509 av. J.-Ch., 1-244 u. c.), Th. Caen, '97.

1243 J. VAN KAN. — La possession dans les comédies de Plaute, Mél. Cornil, '26, II, 1-13.

1244 M. VANLAER. — La dépopulation de l'Italie au temps d'Auguste, Th. Paris, '95.

1245 A. VANTROYS. — Etude historique et juridique sur le consentement des parents au mariage de leurs enfants, Th. Paris, '89.

1246 J. VENDEUVRE. — Contribution à l'étude du régime minier romain. Etude sur la table d'Aljustrel, découverte en 1906, P., '11.

1247 E. VERMOND. — Théorie générale de la possession en droit romain, P., '95.

1248 E. VERNAY. — Servius et son école. Contribution à l'histoire des idées juridiques à la fin de la République romaine, Th. Lyon, '09.

1249 —— Note sur le changement de style dans les constitutions impériales de Dioclétien à Constantin, Mél. Girard, '13, II, 263-275.

1250 P. VERNET. — Textes choisis sur la théorie des obligations en Droit romain, P., '65.

1251 N. VERNEY. — Du *jus pœnitendi*, Th. Lyon, '90.

1252 P. VERWAERT. — De la condition des médecins privés à Rome, Th. Paris, '92.

1253 P. VIARD. — Le *praes*, Th. Dijon, '07.

1254 P.-E. VIARD. — Les pactes adjoints aux contrats en droit classique, P., '28.

1255 VIGIÉ. — La *vicesima libertatis* ou *l'aurum vicesimarium*, R. G. D., V, '81, 5-17.

1256 —— Impôts créés par Auguste. R. G. D., V, '81, 101-130.

1257 —— Impôts sur les transmissions à titre onéreux, R. G. D., V, '81, 197-202.

1258 P.-E. VIGNEAUX. — Essai sur l'histoire de la *praefectura urbis* à Rome, R. G. D., IX, '85, 444-461 ; X, '86, 146-171 ; 337-355 ; 532-549 ; XI, '87, 52-60 ; 142-156 ; 224-237 ; XII, '88, 28-46 ; 425-448 ; XIII, '89, 215-236 ; XIV, '90, 52-62 ; 201-212 ; 506-515 ; XV, '91, 47-59 ; XVI, '92, 42-50 ; 553-559 ; XVII, '93, 147-152 ; 349-355 ; 530-543 ; XVIII, '94, 538-554 ; XIX, '95, 255-260 ; 354-364 ; 544-556 ; XX, '96, 54-71 ; 144-159 ; 270-275.

1259 —— Essai sur l'histoire de la *praefectura urbis* à Rome, P., '96.

1260 M. VIGNES. — Rapports de la gestion d'affaires et de la stipulation pour autrui, Th. Paris, '92.

1261 VILLEQUEZ. — De l'absence, en droit romain et dans l'ancien droit français, R. H. D., II, '56, 209-236.

1262 —— De la preuve de la lésion dans les actes faits par les mineurs, R. H. D., VII, '61, 24-33 (pour l'époque romaine).

1263 —— Etude historique sur les substitutions prohibées, R. H. D., IX, '63, 97-108 (pour l'époque romaine).

1264 —— De la faculté accordée à l'héritier de revenir sur sa renonciation. — Etude historique, N. R. H., VIII, '84, 489-495 (pour la période romaine).

1265 —— De la prescription de la faculté d'accepter ou de répudier une succession, N. R. H., XIII, '89, 734-741.

1266 **G. DE VILLOUTREYS DE BRIGNAC.** — Du sénat dans les municipes, Th. Caen, '93.

1267 **A. VINCENT.** — Origines du cautionnement judiciaire à Rome, Th. Paris, '92.

1268 **H. VINCENT.** — *Res recepta*. Essai sur le principe du rapport obligatoire en matière de *receptum*, Th. Montpellier, '20.

1269 —— Les frais de l'ensevelissement de l'esclave romain, R. G. D., XLV, '21, 135-137.

1270 —— Le droit des édiles, Th. Caen, '22.

1271 **F. DE VISSCHER.** — La vente des choses futures et la théorie d'un risque contractuel. Etude de Droit romain suivie d'un examen de la jurisprudence moderne. P., '14.

1272 —— Le *condictio ex lege* et la *lex Julia de adulteriis*, Juridical Review (Edimbourgh, Londres), XXVIII, '16, 25-37.

1273 —— Les actions noxales et le système de la noxalité d'après ses origines historiques et la loi des XII Tables, R. G. D., XLI, '17, 325-339 ; XLII, '18, 12-21, 92-102, 153-160, 197-205, 292-300.

1274 —— Le *jur manifestus*, R. H. D., '22, 442-512.

1275 —— La *condictio* et la procédure formulaire, Gand, '23.

1276 —— La procédure d'enquête *lance et licio* et les actions *concepti et oblati*, T. R. G., '25, 249-277.

1277 —— Les formules *in factum*, R. H. D., '25, 193-252.

1278 —— *Potestas* et *Cura*, Studi Perozzi, '25, 397-415.

1279 —— Compte rendu des leçons professées à l'Université de Gand par M. P. Collinet, Rev. Belge de Philol. et d'Histoire (Bruxelles), IV, '25, 249-252.

1280 —— La curatelle et l'interdiction des prodigues, Mél. Cornil, '26, II, 539-613.

1281 —— La formule « Paricidas esto » et les origines de la juridiction criminelle à Rome, Acad. Roy. de Belgique. Bulletin de la Classe des Lettres et des Sciences politiques et morales (Bruxelles), '27, 298-332.

1282 —— Une réminiscence de la procédure classique dans l'Enéide, V, v. 385 : *Ducere dona jube*, Rev. Belge de Philol. et d'Histoire (Bruxelles), VII, '28, 579-583.

1283 —— Les origines de l'obligation *ex delicto*, R. H. D., '28, 335-386.

1284 **J. VRABIESCO.** — La vente de la chose d'autrui, Th. Paris, '90.

1285 **H. WALLON.** — Histoire de l'esclavage dans l'Antiquité. 3 vol. P., '47-48.

1286 **F. WALTER.** — Histoire de la procédure civile chez les Romains, trad. Laboulaye, P., '41.

1287 —— Le calendrier romain, trad. E. Pezeril, R. H. D., XIII, '67, 523-542.

1288 **WALTZING.** — Etude historique sur les corporations professionnelles chez les Romains, depuis les origines jusqu'à la chute de l'Empire d'Occident (2 vol.). Mémoire couronné en 1899. Mémoires de l'Ac. Roy. de Belgique, Classe des Lettres.

1289 **C. W. WESTRUP.** — Quelques observations sur les origines du mariage par *usus* et du mariage sans *manus* dans l'ancien droit romain, P., '26.

1290 —— Quelques observations sur la notion de la fidélité, P., '27.

1291 **A. WEISS.** — Le droit fétial et les fétiaux à Rome. P., '83.

1292 —— **D. A. G. R.** *Fetiales, Jus fetiale.* —— Voir aussi P. Louis-Lucas et A. Weiss, nᵒ 914.

1293 **P. VAN WETTER.** — Traité de la possession en Droit romain, Gand, '68.

1294 —— Le Droit romain et le Droit celtique dans la Gaule. La communauté de biens entre époux. P., '78.

1295 —— Pandectes contenant l'histoire du Droit romain et la législation de Justinien. I, Histoire externe du Droit romain et partie générale, P., '09. II, Les droits réels, P., '09. III et IV, Les obligations, P., '10. V. Des droits de famille, du droit héréditaire, P., '11.

1296 **R. WIART.** — Le régime des terres du fisc du Bas-Empire, Th. Paris, '94.

1297 **J. WILLEMS.** — Le Sénat de la République romaine. 2 vol. P., '78 ; Appendice, '85.

1298 —— Les mesures de salut public décrétées par le Sénat pendant la république romaine, R. G. D., III, '79, 77-94.

1299 —— Le Sénat romain en 65 après J.-C., Le Musée belge, IV, '00, 236-277 ; V, '01, 82-126 ; VI, '02, 100-151.

1300 —— Le Droit public romain depuis l'origine de Rome jusqu'à Constantin le Grand, 7ᵉ éd., Louvain, '20.

1301 —— Hommage d'ouvrage : « Le Testament de Gaius (Longinus Castor », avec note de M. A. Rivier. Bulletin de l'Ac. Roy. de Belgique, Classe des Lettres, T. 29, 3ᵉ série, P., 577-578.

1302 **J. WILLEMS.** — La loi aquilienne. Théorie du dommage aux choses en Droit romain. Louvain-Paris, '96.

1303 —— La date et la portée de la loi Aquilienne, R. G. D., XXI, '97, 127-140.

1304 —— Coup d'œil sur l'étendue de la puissance paternelle à Rome. Le Musée belge, III, '99, 214-235, 282-297.

1305 —— De l'effet du constitut à l'égard des co-sujets corréaux, Mél. Cornil, '26, II, 613-625.

1306 —— Ulpien au D, 45, 1, 72 pr. range-t-il l'obligation « fundum tradi » parmi les obligations indivisibles ? R. H. D., '27, 121-122.

1307 Ch. WIRBEL. — Le *cognitor*, Th. Nancy, '11.

1308 H. WEYMULLER. — Contribution à l'histoire de l'*actio tutelae*. La *cautio rem pupilli salvam fore*, Th. Nancy, '01.

1309 WOLTERS. — Le régime des eaux dans l'antiquité, Gand, '90.

1310 R. WORMS. — De la volonté unilatérale considérée comme source d'obligations, Th. Paris, '91.

1311 X... — Obsèques de M. Ortolan. R. L. A., III, '73, 186-198.

1312 —— **D. A. G. R.** *Acceptilatio, Actio, Actor, Novellae.*

1313 X... — Nouveaux fragments des tables d'Osuna, N. R. H., I, '77, 137-144.

1314 —— Précis élémentaire de Droit romain. — Les obligations, P., '26, in-16.

1315 —— **D. A. G. R.** *Aerarii.*

1316 ZACHARIAE. — Histoire du Droit civil gréco-romain, trad. Lauth, R. H. D., XI, '65, 561-621 ; XII, '66, 460-525.

1317 H. ZAMFIRESCU. — Les origines du Droit privé romain, Th. Paris, '23.

1318 ZIMMERN. — Traité des actions, ou théorie de la procédure privée chez les Romains, trad. Etienne, P., '43.

1319 A. ZOCCO-ROSA. — D'une nouvelle palingénésie des Institutes de Justinien, Mél. Fitting, '07. II, 523-533.

SUPPLÉMENT

1320 G. BOISSONADE. — Histoire de la réserve héréditaire... P., '73.

1321 —— Histoire des droits de l'époux survivant. P., '74.

1322 M. FOURNIER. — Essai sur l'histoire du droit d'appel en Droit romain, Th. Paris, '81.

1323 P. FOURNIER. — Des collèges industriels dans l'empire romain. Th. Paris, '78.

1324 J.-B. MISPOULET. — La vie parlementaire à Rome sous la République. P., '99.

(Les chiffres renvoient aux numéros. — Les chiffres entre parenthèses
renvoient aux divisions des textes.)

nuation, 847 *bis*, 1005 ; — *mortis causa*, 1169, 1170, 1172 ; — *propter nuptias*, 425, 848 ; — rémunératoire, 1219.

DOT, 99, 425, 532, 1048, 1138 ; — caractère, 605 ; — garantie, 599 ; — impenses, 171 ; — inaliénabilité, 122, 167, 421, 1028 ; — (legs de), 239, 681 ; — restitution anticipée, 1209. — V. Rétentions.

DROIT, 1173 ; — (philologie), 174 ; — byzantin, 482, 1007, 1018, 1025, 1087, 1089, 1316 (V. Justinien, Novelles) ; — étrusque, 230 ; — honoraire, 373 ; — international public, 258, 312, 736, 847, 1125, 1126, 1291, 1292 ; — maritime, 426, 1200 (V. Loi Rhodia) ; — pontifical, 232 ; — prétorien, 790 (V. Edit) ; — primitif, 522, 707, 972, 1187, 1317 ; — privé, 149 ; — romain en Egypte, 427, 691 ; — romain au Moyen âge, 544, 546, 575, 966, 1009, 1156.

DROIT PÉNAL ROMAIN, 91, 184, 373, 479, 580, 601, 619, 733, 736, 816, 837, 865, 912, 938, 956, 996, 1242 ; — (militaire), 173, 851 ; — *restitutio* du condamné, 449.

Duci vel ferre iubere, 1084, 1282.

DUUMVIRS, 736.

E

EAUX (régime des), 498, 736, 763, 1008, 1023, 1066, 1309.

Ecloga, 482.

ECONOMIE POLITIQUE (et Droit), 1176, 1213, 1237.

ECRITURE, 736, 799, 865, 930 ; — contrat *litteris*, 606, 750 ; — actes écrits, 738 ; — *chirographa*, 569, 736 ; — *signum*, 251 ; — *subscriptio*, 865, 1218 ; — *syngraphae*, 100, 569.

EDIFICES, habitations, 269, 1192 ; — sur le terrain d'autrui, 844. — V. Logement.

EDIT, 736, 914 ; — de Caracalla (212), 188 ; — des édiles, 1163, 1164 ; — perpétuel, 637, 640, 645, 785, 883, 1106 ; — provincial, 142 ; — Publicien, 17, 332.

EDILES, 354, 736, 800, 801, 969, 1270. — V. Edit.

EMANCIPATION, 99.

EMPHYTÉOSE, 99, 179, 470, 842.

ENFANTS, 373, 462 ; — du premier lit, 1012 ; — (exposition des), 224, 558, 736 ; — naturels, 611, 612, 865, 983.

ENSEIGNEMENT DU DROIT ROMAIN, 19, 49, 52, 181 *bis*, 290, 316, 635, 647, 736 (*antecessor*) ; — à Beyrouth, 289 ; — en Orient, 810 ; — avant Justinien, 528 ; — Enseignement et Droit, 1033.

Ἐπιβολή 1000.

EPIGRAPHIE JURIDIQUE, 349-352, 625, 971 *bis*. Inscriptions d'Aïn-el-Djemala, 990; — d'Aïn Ouassel, 987 ; — d'Aljustrel, 352 ; — de Delphes, 369, 371 ; — d'Ephèse, 351 ; — d'Henchir-Mettich, 342, 345, 1228, 1230 ; — concernant L. Javolenus Priscus, 1196 ; — de Volubilis, 362, 363.
Diptyque de Philadelphie, 993 ; — sur la tutelle des femmes, 366.
Tables d'Aljustrel, 542, 659, 873, 1246 ; — de Bantia, 509 ; — d'Esterzili, 818 ; — d'Héraclée, 119, 879 ; — de Malaga, 66,

656, 657, 817 ; — de Narbonne, 984 ; — d'Osuna, 658, 1135, 1313 ; — de Salpensa, 656 ; — de Tarente, 107, 1229 ; — de Veleia, 121, 225, 1037.
Tablettes de Tolsum (Frise), 143 ; — de Leeuwarden, 365 ; — de Pompéi, 1195. — V. Fragment d'Este.

ERREUR, 8.

ESCLAVAGE, ESCLAVES, 9, 67, 100, 190, 220, 251 ; — frais funéraires, 1269 ; — *servus vicarius*, 503.

ESTIMATION, 682 ; — contrat estimatoire, 1202.

Examinator, 333, 340.

EXCEPTIONS, 229, 576, 1065, 1127 ; — *non numeratae pecuniae*, 723 ; — *rei in iudicium deductae*, 1212 ; — *rei iudicatae*, 1212.

EXHÉRÉDATION. — V. Testament.

EXPROPRIATION, 566, 1111.

Exsecutor litis, negotii, 823, 1216.

F

Familia — (famille), 99, 408, 563 (tribunal), 821, 1015, 1134 ; — (biens), 154, 1073.

FAUTE, 99, 752 ; — des incapables, 432 ; — (compensation des), 1198.

FEMMES — condition privée, 373, 612 ; — hérédités, 764, 1114 ; — parenté (par les), 662 ; — professions, 260. — V. Sénatus-consulte Velléien, Tutelle.

Fenus. — V. Prêt.

FIDÉICOMMIS, 406, 736.

FIDUCIE, 99, 590, 603, 761 ; — *ius distrahendi*, 245.

FILS DE FAMILLE, 40 ; — (tuteur), 1067.

FISC, 685, 736 ; — (terres du), 1296.

FOLIE, FOU, 22, 74, 77, 99. — V. Curatelle.

FONDATIONS, 71, 1153.

FORMALISME, 887 ; — loi de correspondance, 1142.

FORMULES (d'action), 84, 283, 436, 745, 776, 1043 ; — *Fabiana*, 626 ; — *in factum*, 502.

FRAGMENT d'Este, 27, 508 ; — *de formula Fabiana*, 626.

FRAGMENTS du Sinaï, 377 ; — du Vatican (§ 269), 1138 ; (§ 283), 976, 1061, 1171.

FRUITS, 497, 595 ; — *Fructus duplio*, 1064.

FRAUDE, *Fraus* — affranchissement, 684 ; — *creditorum*, 454 *bis*, 814. — V. Action Paulienne, Interdit fraudatoire.

Fundus, 60, 545.

Furtum, 439, 516, 736, 747, 748, 815, 937, 1274, 1276.

G

GAGE, 249, 736, 1045, 1161 ; — *ius distrahendi*, 245 ; — *pignoris capio*, 274 ; — *pignus ex causa iudicati captum*, 1119.

GAINS DE SURVIE, 841, 1321.

GAIUS, 665, 667 ; — ses Institutes, 301, 459, 466, 1047 (traduction), (1, 95-96), 103 ; — *Interpretatio Gai*, 255 *bis*, 338, (108-112), 283.